Ricardo Mansur

Inteligência Estendida

com Inteligência Artificial

EDITORA CIÊNCIA MODERNA

Ricardo Mansur

Inteligência Estendida

com Inteligência Artificial

EDITORA CIÊNCIA MODERNA

Inteligência Estendida com Inteligência Artificial

Editor: Paulo André P. Marques
Produção Editorial: Dilene Sandes Pessanha
Capa: Daniel Jara
Diagramação: Daniel Jara
Copidesque: Equipe Ciência Moderna

FICHA CATALOGRÁFICA

MANSUR, Ricardo.

Inteligência Estendida com Inteligência Artificial

Rio de Janeiro: Editora Ciência Moderna Ltda., 2019.

1. Administração de projetos
I — Título

ISBN: 978-85-399-1067-0 CDD 658.404

Editora Ciência Moderna Ltda.
R. Alice Figueiredo, 46 – Riachuelo
Rio de Janeiro, RJ – Brasil CEP: 20.950-150
Tel: (21) 2201-6662/ Fax: (21) 2201-6896
E-MAIL: LCM@LCM.COM.BR
WWW.LCM.COM.BR

08/19

Uma vez Shakespeare disse que a vida é tão curta que deveria ser feita só de momentos de prazer.

Dedico esta obra aos meus pais e amigos que possibilitaram os bons momentos da minha vida.

Agradecimentos

Agradeço aos meus pais e professores pelo empenho na educação formal e preparação para a vida, aos meus amigos que me ajudaram nesta caminhada e a Deus pela força de vontade para superar os desafios da vida.

Nota do Autor

Esta obra foi desenvolvida para ser um livro digital interativo com o leitor. O autor usou o estratagema de combinar a conceituação das ideias com os exemplos práticos de mercado citados nas centenas de artigos pesquisados. O leitor pode navegar nas referências para entender como as ideias apresentadas são corroboradas pelo mercado brasileiro.

É importante alertar ao leitor que todas as URLs (Uniform Resource Locator) citadas são de propriedade de terceiros e podem ser, portanto, descontinuadas sem aviso prévio algum. O autor reconhece que este risco é real, mas enfatiza que o leitor não perde conceituação alguma das ideias apresentadas na obra com a descontinuação dos exemplos.

O objetivo da digitalização interativa é dar ao leitor a oportunidade de variar o conteúdo conforme o seu foco de interesse no momento específico da leitura. Não existe necessidade alguma de navegar em todos os endereços citados. As releituras do trabalho são mais interessantes por conta das variações de foco pelas várias alternativas oferecidas de interação dinâmica.

Sobre o Autor

Ricardo Mansur é graduado em Engenharia Eletrônica com Mestrado e MBA em Finanças, Administração, Tecnologia da Informação e Negócios Digitais. Na atuação profissional em várias empresas multinacionais de grande porte desenvolveu e comandou diversos Escritórios de Projetos. Ocupa atualmente a posição de Chief Project Officer de um escritório de projetos privado.

Desde 1986, atua no desenvolvimento e gerenciamento de tecnologia utilizando modelos, frameworks e melhores práticas como o Six Sigma, CMMI, PMBoK®, Prince2TM, ITIL®, CobiT®, IT Balanced Scorecard, eSCM-SP, eTOM®, ISO 27001, M_O_R, MSP, etc. para promover a integração negócios e TI. Os mais de duzentos projetos desenvolvidos revelam um retorno de investimento acima de US$ 200 milhões. As iniciativas apresentaram retorno médio de 37% e algumas alcançaram a estratosférica taxa de 1.200%.

Durante a carreira, o autor vem exercendo inúmeras atividades de inovação, gestão empresarial, planejamento estratégico, administrativo e financeiro e gerenciamento de escritório de tecnologia, projetos, engenharia, eletrônica, software, telecomunicações, inteligência artificial e competitiva, conhecimento e colaboração, cenários, robótica e automação predial e industrial.

O autor escreveu mais de trinta livros sobre governança e negócios digitais. Nos últimos anos ele vem desenvolvendo importantes trabalhos sobre as criptomoedas e Distributed Ledger Technologies (DLTs). O seu livro "Blockchain: Uma nova e poderosa economia nasceu (https://www.amazon.com.br/Blockchain-poderosa--economia-nasceu-Portuguese-ebook/dp/B01N06MJDQ)" alcançou grande repercussão na comunidade financeira e de tecnologia.

Sumário

Mercado da Inteligência Artificial **1**

Introdução **3**

Quais são os riscos da Inteligência Artificial? 7

Como medir o impacto da Inteligência Artificial em uma economia 8

Ganhos de produtividade 9

Crescimento da demanda 10

Empregos tradicionais desaparecem. Novos empregos nascem. 12

Impacto das aplicações de IA 13

China 14

Estados Unidos 15

Riscos 16

Velocidade do Impacto das aplicações de IA na produtividade 16

Momento da automação 18

Indústria da Saúde 19

Indústria Automobilística 21

Indústria de Serviços Financeiros 25

Indústria de Transporte e Logística 29

Indústria do Varejo 32

Indústria de Energia 34

Indústria de Tecnologia e Entretenimento 37

Indústria de Manufaturação 41

Bibliografia 43

Aplicações da Inteligência Artificial **47**

IA na prática **49**

Agentes inteligentes nos leilões e licitações **57**

Leilões 60

Leilões Eletrônicos* 61
Modelo do Agente inteligente do comprador 70
Bibliografia 76
IA na Segurança Nacional 79
Conhecimento é a Nova Arma 93
Bibliografia 108
IA no mercado de trabalho 111
Bibliografia 133
IA na Transformação digital 137
Sentir as condições ambientais 143
Compreender o que está acontecendo 144
Atuar no ambiente físico e virtual 145
Ciclo sentir-aprender 146
Ciclo sentir-aprender - compreender-apreender 147
Ciclo sentir-aprender - compreender-apreender - agir-aprender 148
Ciclo de aprendizado 148
Modelo da eficiência 160
Modelo de especialização 160
Modelo de Eficácia 162
Modelo de inovação 162
IA no Sistema Integrado de Saúde 163
IA no Sistema Financeiro 165
Bibliografia 170
Imperfeições da Inteligência Artificial 170
Problemas da linguagem masculina 175
Vantagens e desvantagens das soluções de Inteligência Artificial 177
Vantagens e desvantagens da Inteligência Artificial na educação 182
Bibliografia 189
Comentários finais 190

Mercado da Inteligência Artificial

Introdução

Apesar dos esforços em muitas áreas para modelar a mente, os cientistas estão longe de criar uma máquina que possa competir com ela. Discordo de quem diz que em 20 anos teremos máquinas tão inteligentes quanto pessoas. Acho que isto mostra uma falta de compreensão da complexidade da inteligência humana

Dr. Pierre-Yves Oudeyer, Ph.D. degree in artificial intelligence from the University Paris VI, France.

A Inteligência Artificial tem como objetivo responder duas perguntas que são ao mesmo tempo simples e complexas. A simplicidade ou complexidade depende do ponto de vista do analista.

- Como um sistema inteligente pode ser capaz de encontrar e implementar novas ideias sobre como ele deve agir?
- Como os robôs ou Smart Connected Products (SCP) ou Produtos Inteligentes Conectados (PIC) que são programados para responder ao que acontece no ambiente podem ser capacitados para agir por conta própria?

É fácil concluir que se um sistema inteligente tem que ser informado sobre o que fazer, isto significa que ele não é inteligente. Ele não possui uma das características essenciais da inteligência humana.

Qual o valor real da Inteligência Artificial (IA) para os negócios e como capitalizar este valor?

A Inteligência Artificial está gerando uma enorme expectativa e preocupação nas principais economias do mundo. Todos concordam que existem oportunidades e ameaças para os negócios. É preciso, portanto, realizar uma análise detalhada do impacto da Inteligência Artificial nos negócios para medir o seu valor de mercado e encontrar mecanismos para a sua exploração.

As pesquisas indicam que o Produto Interno Bruto (PIB) mundial pode crescer aproximadamente 15% até o ano de 2030 em função dos ganhos gerados pela inteligência artificial. Entre 2017 e 2030, serão gerados quase 20 trilhões de dólares pela exploração das oportunidades de negócio criadas pela inteligência artificial. A economia dos países está mudando rapidamente.

Provavelmente, até o ano de 2030, a China será o país que alcançará o maior ganho mundial com a Inteligência Artificial (crescimento de cerca de 30% do Produto Interno Bruto). Os Estados Unidos têm crescimento estimado do PIB de 15% por causa da inteligência artificial. A exploração das oportunidades de curto prazo geradas pela IA para o varejo, sistema financeiro e indústria da saúde permitirá um forte ganho de produtividade da economia norte americana pela melhoria da qualidade dos produtos e serviços e aumento da demanda.

A Inteligência Artificial é um modelo matemático executado em um sistema computacional que é capaz de: (i) Capturar e aprender com as variáveis do ambiente em que está inserido e com as metas e objetivos estabelecidos e (ii) Realizar ações em função dos valores das variáveis capturadas e dos objetivos do modelo matemático.

A IA está sendo utilizada atualmente nos "digital assistants" (assistentes digitais) como Bixby (Samsung), Siri (Apple), Cortana (Microsoft), Google Assistant (Google) e Alexa (Amazon), nos "chatbots" como os que existem no Facebook, WhatsApp, Skype etc. e no "machine learning" (aprendizagem da máquina) como o Watson.

A **inteligência automatizada** (automated intelligence) é o sistema computacional que automatiza atividades cognitivas e manuais que podem ser rotineiras ou não. A **inteligência assistida** (assisted intelligence) é o sistema computacional que ajuda as pessoas para que elas melhorem e agilizem a realização das suas atividades. A **inteligência aumentada** (augmented intelligence) é o sistema computacional que permite que as pessoas tomem melhores decisões.

A **inteligência autônoma** (autonomous intelligence) é o sistema computacional que automatiza o processo de tomada de decisão sem interferência humana. Como os modelos de Inteligência Artificial desenvolvidos pelos pesquisadores estão rapidamente chegando ao mercado consumidor, em qualquer um dos quatro contextos da inteligência artificial, existe um aumento expressivo das possibilidades de transformação dos negócios e da sociedade pela colaboração entre seres humanos e máquinas.

O automated intelligence é um sistema computacional que automatiza as atividades cognitivas e manuais (podem ser rotineiras ou não), através de um dispositivo específico e especializado. O hardware e o sistema operacional são desenvolvidos para serem a infraestrutura tecnológica que executa os aplicativos publicados. Neste tipo de IA, não existe a participação dos seres humanos na execução das atividades automatizadas. Não é possível que a Inteligência Artificial desenvolva caminhos para a execução de novas tarefas, pois são automatizadas apenas as atividades planejadas.

O assisted intelligence é um sistema computacional interativo que se comunica com os usuários em linguagem natural (na maioria das vezes). Ele ajuda as pessoas para que elas melhorem e agilizem a realização das suas atividades. O sistema exige a participação dos seres humanos. Os aplicativos são executados em um dispositivo específico e especializado. O hardware e sistema operacional do dispositivo são desenvolvidos para serem a infraestrutura tecnológica que executa os aplicativos inteligentes. Neste tipo de IA o sistema não aprende com as suas interações com os usuários.

O augmented intelligence é um sistema computacional adaptativo que se comunica com as pessoas em linguagem natural (na maioria das vezes) e que exige a participação dos seres humanos na realização das atividades. O sistema inteligente permite que as pessoas melhorem e agilizem a sua tomada de decisões. Neste tipo de IA, o sistema aprende continuadamente com a sua interação com os seres humanos e ambiente.

O autonomous intelligence é um sistema computacional adaptativo que é capaz de modificar o seu comportamento conforme a situação. Ele realiza as atividades de forma autônoma, ou seja, sem a assistência humana.

Qual é a importância da Inteligência Artificial para as empresas? Qual é o impacto real da IA nas organizações? Os modelos de negócio em uso em 2017 estão ameaçados pelas rápidas e profundas mudanças nos hábitos e comportamentos das pessoas e empresas causadas pela Inteligência Artificial?

Para capitalizar as oportunidades geradas pela Inteligência Artificial é preciso investir em habilidades humanas que aumentam a capacitação dos trabalhadores humanos. Em outras palavras, a IA abre um novo leque de opções para aumentar a capacidade das organizações de entregar bens e serviços de melhor qualidade. No entanto, é preciso ter em mente que ainda existe no mercado muita desconfiança e expectativa sobre os resultados que podem ser alcançados pela adoção das tecnologias de inteligência artificial.

Na prática, as análises que as lideranças e influenciadores estão fazendo sobre a Inteligência Artificial estão relacionadas com o direcionamento dos investimentos e capacitações que habilitam uma melhor performance corporativa. Estes dois aspectos estratégicos permitem o desenvolvimento de um caminho transparente e consistente que endereça as principais necessidades de confiabilidade dos consumidores e stakeholders.

As pesquisas que estão sendo disponibilizadas para o mercado sobre o impacto da automação gerada pela IA revelam apenas uma parte dos resultados alcançados. A Inteligência Artificial melhora e aumenta a capacidade das empresas. Em outras palavras, o valor potencial das oportunidades geradas pela IA é muito maior do que os números das pesquisas de 2017 revelam.

Até o ano de 2030 é estimado que a IA gere cerca de US$ 16 trilhões na economia global. Cerca de US$ 6 trilhões serão decorrentes de aumento de produtividade e US$ 10 trilhões serão gerados pelo aumento do consumo de bens e serviços inteligentes. É evidente que alguns mercados, setores e negócios serão mais impactados do que outros. Como a Inteligência Artificial ainda está em estágio embrionário, os mercados emergentes podem explorar as oportunidades criadas pelos países desenvolvidos. É muito provável que empresas inexistentes em 2017 serão líderes de mercado em 2030.

Quais são os riscos da Inteligência Artificial?

Os departamentos de marketing, financeiro, jurídico e recursos humanos (gestão de talentos) serão profundamente impactados no curto prazo pela IA. Os assistentes pessoais (computadores, celulares, automóveis, geladeiras, alto-falantes inteligentes e outros dispositivos) permitem que os equipamentos trabalhem conforme o perfil do usuário. É uma solução individual, especifica e customizada. O próprio usuário ajusta as suas preferencias conforme utiliza o dispositivo. Em breve, ele poderá compartilhar as suas customizações com todos os equipamentos que ele utilizar. A Inteligência Artificial está por trás destes avanços habilitando um nível de proteção digital conforme a interação do usuário. Nas transações mais críticas, a IA do dispositivo vai trabalhar com configurações de identificação e segurança mais rígidas e nas operações de menor impacto o sistema ajustará as configurações de identificação e segurança para um nível menos rígido.

Como a IA estará presente em poucos anos em quase todos os aspectos da vida das pessoas, as atividades dos departamentos de marketing, financeiro, jurídico e recursos humanos (gestão de talentos) das organizações serão profundamente impactadas. Os sistemas vão capturar as informações, processar os dados e gerar alertas para os profissionais.

Existem estimativas que acreditam que a Inteligência Artificial será capaz de gerar um crescimento de 15% do Produto Interno Bruto mundial. São cerca de US$ 16 trilhões que serão alcançados pelos ganhos de produtividade da automação dos processos de negócio através de recursos como robôs de todos os formatos, tipos e tamanhos (reais e virtuais), veículos autônomos de todos os portes etc. Serão também alcançados ganhos de produtividade através da ampliação da força de trabalho através da inteligência assistida e aumentada. O crescimento do Produto

Interno Bruto mundial também virá do crescimento do consumo de produtos e serviços personalizados de alta qualidade habilitados pela IA.

Como medir o impacto da Inteligência Artificial em uma economia

Para estimar o impacto das aplicações de Inteligência Artificial em uma economia é preciso em primeiro lugar identificar as principais aplicações da IA em cada um dos setores das cadeias de valor e em segundo lugar criar um modelo matemático que avalie o nível e a velocidade do impacto da IA nos principais componentes da economia.

A análise de impacto das aplicações de Inteligência Artificial revelou qual será o resultado da sua adoção nos principais elementos de uma economia (trabalho e emprego, produtividade, operações e transações comerciais e governo e governança). A execução do modelo revelou que as aplicações de Inteligência Artificial vão provocar um aumento tanto da produtividade da cadeia de valor (serão eliminadas atividades existentes atualmente), como da criação de novas atividades, empregos, produtos e serviços.

As pesquisas apontam que o crescimento e evolução da produtividade do trabalho causado pelas aplicações de IA gerará um aumento potencial aproximado de US$ 10 trilhões no Produto Interno Bruto mundial entre 2017 e 2030. Os estudos também revelam que a partir do ano de 2030 cerca de 60% do crescimento do PIB mundial causado pelas aplicações de Inteligência Artificial será decorrente do aumento da demanda. Os produtos e serviços vão melhorar e evoluir em termos de qualidade e personalização pela adoção das novas tecnologias de inteligência artificial. Isto significa que vai existir um aumento gradativo da participação dos produtos inovadores ao longo do tempo.

O aumento da produtividade decorrente das aplicações de Inteligência Artificial vai transformar as regras de competição do mercado. As organizações que não se adaptarem à nova realidade e falharem na adoção das aplicações de IA poderão ter que enfrentar no curto prazo o problema dos preços de mercado dos produtos e serviços serem menores que os seus custos internos. Estas organizações vão perder participação no mercado. É muito importante destacar que a fase inicial da adoção das aplicações de Inteligência Artificial será marcada muito mais pela melhoria dos produtos e processos atuais do que pela criação de novos produtos e processos.

Os processos corporativos do varejo, da indústria e setor de serviços vêm sendo digitalizados desde o começo do século XXI. A Internet e a mobilidade direcionaram a primeira onda digital que foi conhecida como a Internet of People (IoP) ou Internet das Pessoas. As pesquisas indicam que o volume de informações gerado pela Internet of Things (IoT) ou Internet das Coisas (IoC) será espetacularmente maior que o gerado pela IoP.

Este gigantesco aumento do volume de informações e dados vai gerar um maior nível de padronização dos processos que por sua vez habilitará um maior nível de automação e de personalização dos produtos e serviços. Este fenômeno será a segunda onda digital. As aplicações de Inteligência Artificial vão explorar as informações e dados gerados pela Internet das Pessoas e das Coisas para automatizar as atividades e processos, tanto para ajudar as pessoas e máquinas nas tarefas que elas estão atualmente realizando, como para identificar novos caminhos para a realização de novas atividades.

Ganhos de produtividade

No curto e médio prazo é muito provável que o maior ganho econômico das aplicações de Inteligência Artificial esteja relacionado com a evolução da produtividade. A automação das atividades rotineiras com a consequente capacidade ampliada dos funcionários permitirá que o foco das atividades realizadas pelos colaboradores seja direcionado para as tarefas mais estimulantes e de maior valor agregado.

Os setores de capital intensivo como a indústria de manufaturação e logística e transporte vão conquistar os maiores ganhos de produtividade do mercado pela adoção das aplicações de inteligência artificial, pois a maior parte dos seus processos operacionais podem ser automatizados.

Crescimento da demanda

No longo prazo, o crescimento do Produto Interno Bruto mundial ocorrerá pela evolução e melhoria da qualidade dos produtos e serviços. As mudanças do comportamento do consumidor geradas pelas aplicações de Inteligência Artificial (consequência tanto da maior qualidade, como da personalização) vão alterar o perfil de consumo. No longo prazo (após 2030), O lucro gerado pelo crescimento da demanda será muito maior que o resultado gerado pelos ganhos de produtividade.

Os estudos revelam que em 2030, o crescimento da demanda vai gerar um aumento aproximado de US$ 10 trilhões no Produto Interno Bruto mundial. A alta qualidade e elevado nível de personalização dos produtos e serviços vai permitir que os consumidores utilizem o seu tempo de forma mais produtiva. O carro autônomo vai liberar o tempo que o consumidor gasta dirigindo para realizar as suas atividades pessoais e profissionais. Os carros vão virar centros comerciais móveis onde as pessoas poderão, por exemplo, fazer as suas compras da semana durante o trajeto.

Em outras palavras, o crescimento inicial da demanda vai gerar uma espiral virtuosa de crescimento econômico com diversos pontos de contato entre os negócios físicos e virtuais. Como o aumento inicial da demanda gerado pela liberação do tempo do consumidor cria um crescimento do volume de informações e dados, então passa a existir o cenário de maior entendimento das necessidades do mercado e melhoria dos produtos e serviços. As evoluções e melhorias dos produtos e serviços geram aumento da demanda e consequente crescimento do volume de informações e dados (espiral virtuosa de crescimento).

A revolução do consumo habilitada pelas aplicações de Inteligência Artificial gera uma estrada de oportunidades para as disrupções massivas onde as organizações estabelecidas e as novas entrantes vão direcionar o desenvolvimento das inovações e dos novos modelos de negócio. A principal contribuição das aplicações de Inteligência Artificial na revolução do consumo está no fato delas permitirem o desenvolvimento paralelo das inovações. A conectividade gerada pela Internet das

Coisas permite que várias pessoas trabalhem simultaneamente no mesmo desenvolvimento.

As organizações mais capacitadas e rápidas na adoção das aplicações de IA conquistarão a vantagem competitiva do melhor entendimento das necessidades do mercado. As aplicações de Inteligência Artificial são um dos principais componentes das soluções de IoT. Nos casos das Smart Machines elas são indispensáveis. A convergência das aplicações de IA com a Internet das Coisas cria uma infraestrutura capaz de alavancar as inovações disruptivas.

Entre as vantagens competitivas conquistadas no curto prazo através das aplicações de Inteligência Artificial temos a habilidade ampliada de gerenciamento das preferências dos consumidores, a maior capacitação cognitiva para interpretar as informações e personalizar os produtos e serviços em função das necessidades individuais dos clientes e o maior preparo para ampliar a participação da organização no mercado.

As empresas que forem capazes de modelar o desenvolvimento dos seus produtos e serviços em função da riqueza de informações e dados gerados pelos consumidores conquistarão importantes vantagens competitivas. Elas construirão enormes barreiras contra a entrada de novos entrantes no seu mercado.

As organizações que forem mais lentas na adoção das aplicações de Inteligência Artificial vão ter que superar diversas barreiras. Quanto menor for a sua velocidade de adoção das aplicações de IA maiores serão as barreiras. Nos casos mais críticos de lentidão, as barreiras formadas serão tão altas e sólidas que serão intransponíveis.

A indústria de conteúdo digital de livros, músicas, vídeos e outros segmentos do entretenimento já está em 2017 inovando em função das informações e dados gerados pelos consumidores. Ela está desenvolvendo novos modelos de negócio para a produção, distribuição e consumo do conteúdo digital.

As empresas líderes do conteúdo digital como Amazon (Amazon abre seu site para comércio de eletrônicos de outros vendedores, (http://www1.folha.uol.com.br/mercado/2017/10/1927940-amazon-abre-seu-site-para-comercio-de-produtos-de-outros-vendedores.shtml?FOLHA_KEY_1=bc7606455f97eeb8fd3e4da594cbdb2b&FOLHA_KEY_2=77895e1c54990194cebffa0a277d18d5, acessado em 30/03/2018), Netflix, YouTube, Instagram etc. estão avançando na direção do mercado das empresas tradicionais que foram lentas na adoção das aplicações de inteligência artificial.

Em vários casos elas estão varrendo do mapa as organizações que falharam na realização de uma rápida adaptação para a nova realidade de mercado.

A indústria da saúde, automotiva e de serviços financeiros são três setores da economia com gigantesco potencial para evoluções nos produtos e serviços e disrupções causadas pelas aplicações de Inteligência Artificial. Os setores da indústria de manufaturação que adotarem a transformação digital e conseguirem produzir conforme a demanda com as máquinas inteligentes serão capazes de criar uma espiral positiva para o desenvolvimento de inovações disruptivas. A indústria do entretenimento que conseguir usar as aplicações de IA para trabalhar o seu conteúdo usando as informações e dados gerados pelos consumidores terá enorme potencial para criar vantagens competitivas de longo prazo.

Empregos tradicionais desaparecem. Novos empregos nascem

A adoção de aplicações de Inteligência Artificial torna desnecessária a presença humana em algumas atividades da cadeia produtiva estendida e faz com que alguns empregos sejam redundantes. Em contrapartida, existe o outro lado da moeda que é a criação de novos empregos por causa das mudanças na produtividade e no comportamento do consumidor. O aumento da demanda gerado pela evolução da qualidade e pelo crescimento da personalização dos produtos e serviços habilitado pelas aplicações de IA cria uma série de novas atividades que precisam ser realizadas dentro da cadeia de valor estendida.

Os novos tipos de empregos estão relacionados com o pensamento criativo sobre como as aplicações de Inteligência Artificial podem ser desenvolvidas e aplicadas nos negócios. Um novo conjunto de habilidades e capacitações pessoais e profissionais precisa ser desenvolvido dentro das organizações para manter, operar e controlar as tecnologias emergentes.

A introdução dos veículos autônomos no mesmo ambiente dos tradicionais vai exigir um novo sistema para o controle do tráfego nas ruas, avenidas e estradas. Os robôs terrestres e aéreos que realizarem a entrega de produtos no local do consumidor precisam ser monitorados, controlados e supervisionados remotamente. Os robôs que embalam os produtos e cuidam do seu armazenamento nos armazéns também precisam ser monitorados, controlados e supervisionados. É um ciclo que gera empregos tanto para robôs como para humanos.

Impacto das aplicações de IA

As aplicações de Inteligência Artificial vão impactar, de forma diferente, as diversas economias mundiais. Por causa do modelo industrial e da interligação das suas economias, os Estados Unidos e a China serão fortemente impactados e beneficiados pelas aplicações de IA.

Os Estados Unidos e a China serão os países mais beneficiados pelos ganhos proporcionados pelas aplicações inteligentes. Entre 2017 e 2030 é estimado um crescimento potencial do Produto Interno Bruto destes dois países de aproximadamente US$11 trilhões. Estas economias abocanharão 70% do impacto das aplicações de Inteligência Artificial no Produto Interno Bruto mundial. O PIB da China tem potencial para crescer US$ 7 trilhões e os Estados Unidos 4 trilhões de dólares.

O Produto Interno Bruto do Norte da Europa tem potencial para crescer dois trilhões de dólares e do Sul US$ 1 trilhão. O PIB da América latina tem potencial para crescer bem menos. Apenas US$ 500 bilhões. O Produto Interno Bruto dos países mais desenvolvidos e avançados da Ásia tem potencial para crescer US$

1 trilhão. O PIB do restante da Ásia e da África e Oceania tem potencial para crescer entre 2017 e 2030 um trilhão de dólares.

As aplicações de Inteligência Artificial têm potencial para criar um período de grande prosperidade econômica no planeta. É importante destacar neste ponto que continuarão a existir todas as forças que atualmente impactam a economia mundial. Isto significa que estas forças tanto podem reforçar os ganhos proporcionados pelas aplicações de IA, como poderão anular os seus efeitos.

O modelo usado para estimar o impacto no Produto Interno Bruto mundial das aplicações de Inteligência Artificial projetou, considerando a média histórica, o efeito na economia do crescimento tanto da população, como do estoque de capital, como das mudanças tecnológicas. Como é muito difícil isolar do contexto global, apenas o efeito no longo prazo das aplicações de Inteligência Artificial, isto significa que a margem de erro dos valores apresentados é grande. Entre 30 e 40%. Em outras palavras, está sendo apresentado o impacto potencial das aplicações de IA, não o impacto estimado.

China

Na China, a elevada participação da indústria no PIB catapulta o potencial de crescimento pela introdução de novas tecnologias. É muito provável que a mão de obra chinesa necessite de algum tempo adicional em relação aos Estados Unidos para desenvolver todas as competências necessárias. Será preciso capacitar milhões de chineses para o uso pleno das aplicações de Inteligência Artificial. A curva do histórico de evolução do trabalhador chinês revela que após o ano de 2022, a economia da China estará colhendo ganhos de produtividade superiores aos alcançados pelos Estados Unidos.

A economia da China vem apresentando historicamente uma taxa de reinvestimento do capital maior que os Estados Unidos e Europa. Em outras palavras, os lucros gerados pelas aplicações de IA vão alimentar a evolução tanto da capacitação da mão de obra, como da sua lucratividade.

Como a elevada taxa de reinvestimento do capital é o principal componente do valor potencial das aplicações de IA na economia chinesa, então é fácil perceber a importância do seu papel nas mudanças. A China caminha na direção de uma economia direcionada para o consumo interno. Vai existir uma forte movimentação das cadeias de valor na direção da sofisticação e personalização dos produtos e serviços da indústria e comércio pela adoção das tecnologias mais avançadas do planeta.

O elevado potencial do impacto das aplicações de IA na economia da China é uma das consequências do fato dela ocupar o segundo lugar no pedido de patentes de Inteligência Artificial (superada pelos Estados Unidos). Existe um intenso e regular fluxo de capital de investimento da China para as aplicações de IA. O resultado desta estratégia é a aceleração do desenvolvimento de talentos capazes de analisar as informações e dados gerados pelos consumidores.

Estados Unidos

A exploração das oportunidades geradas pelas aplicações de Inteligência Artificial que usam tecnologias que habilitam a melhoria da produtividade do trabalho, do capital e dos projetos alavancará o crescimento potencial do PIB dos Estados Unidos. Existem diversas aplicações de IA que já estão prontas para adoção. Os ganhos de produtividade podem ser acelerados tanto com a adoção das tecnologias mais avançadas, como pelo interesse dos consumidores em usar as aplicações de Inteligência Artificial.

Estes dois fatores permitem que no médio e longo prazo ocorra o impacto na economia de rápida acumulação de ativos materiais e imateriais. Em outras palavras, a riqueza gerada não é resultado apenas dos ativos físicos de tecnologia. Ela é também o resultado da integração dos dados gerados pelos usuários com o fluxo de informações da cadeia de valor estendida e com o pleno entendimento das necessidades e desejos dos consumidores.

É muito provável que a economia dos Estados Unidos entre em uma rápida e intensa espiral positiva de crescimento no curto prazo. O pico de crescimento do PIB deve ocorrer entre 2022 e 2025. Após o ano de 2025 é esperado que os ganhos de produtividade da China sejam maiores que os dos Estados Unidos. Neste caso a China terá grandes vantagens competitivas na exportação de produtos habilitados pela Inteligência Artificial para os Estados Unidos.

Riscos

As projeções estão submetidas às condições de contorno assumidas pelos pesquisadores. É evidente que mudanças na velocidade (maior ou menor) de adoção das aplicações de Inteligência Artificial gerarão resultados diferentes. Também é claro que alguns países podem adotar estratégias diferentes da média mundial. Estes países podem alavancar resultados globais muito diferentes das estimativas.

A aceleração ou redução da velocidade de adoção das aplicações de IA pode mudar de forma dramática o mapa de crescimento do PIB mundial. A redução na velocidade de adoção das aplicações de Inteligência Artificial retarda o benefício do aumento da produtividade do trabalho.

Não é regra obrigatória que no curto prazo vai existir a evolução da qualidade dos produtos e serviços com a adoção das aplicações de IA. Se o cenário previsto não ocorrer, isto significa que várias das consequências estimadas também não ocorrerão. O resultado no curto, médio e longo prazo será bem diferente do previsto.

Velocidade do impacto das aplicações de IA na produtividade

É esperado que a economia dos Estados Unidos alcance entre 2018 e 2020 a maior parte dos ganhos de crescimento da produtividade causados pelas aplicações de Inteligência Artificial. Os maiores ganhos no Produto Interno Bruto dos Estados Unidos ocorrerão no curto prazo. A China vai provavelmente adotar as aplicações de IA mais lentamente que os Estados Unidos. Como consequência da menor velocidade de adoção, os maiores ganhos em termos de crescimento do PIB da China ocorrerão após 2025.

As organizações que estão inseridas nas cadeias produtivas que planejam uma rápida adoção das aplicações de Inteligência Artificial terão que realizar uma rápida movimentação, tanto para capitalizar as oportunidades, como para não enfrentar perdas de participação no mercado devido ao crescimento da efetividade dos custos dos competidores.

As empresas que participam de cadeias produtivas com menor potencial para as disrupções e planejam uma adoção mais lenta das aplicações de Inteligência Artificial terão de enfrentar o desafio de monitorar permanentemente o mercado mundial e o perfil do consumidor. O fato é que mais cedo ou mais tarde a onda das aplicações de IA vai chegar na cadeia produtiva delas. Na fase inicial da adoção vai existir um enorme potencial para a inovação e diferenciação porque poucos competidores estarão mantendo seu foco nas aplicações de IA.

O grande desafio empresarial será trabalhar a mão de obra, tecnologia, dados e informações para extrair o máximo retorno de investimento de cada uma das oportunidades.

Deixar a onda da Inteligência Artificial passar e trabalhar no modelo tecnológico tradicional é uma alternativa que é economicamente inviável no médio e longo prazo. As aplicações de IA não são um mero modismo. A ausência de resposta para as mudanças nos hábitos dos consumidores tornará obsoletos em pouco tempo os negócios tradicionais bem estabelecidos. Diversos modelos de negócios correm o mesmo risco. No curto prazo, a maioria das oportunidades e ameaças estarão focadas na transformação da produtividade, efetividade (eficiência e eficácia) e custo.

Em 2017, as empresas do setor de transportes e logística já estão sentindo na pele o impacto dos robôs nas operações de armazenamento e empacotamento. Estes dois segmentos empresariais sofrerão enorme disrupção com os veículos autônomos. As organizações que forem mais ágeis e rápidas na realização das transições tecnológicas serão capazes de ocupar posições mais vantajosas no mercado que os seus competidores.

A cadeia produtiva de transporte e logística precisa entender que a exploração das oportunidades deste mercado pode ser feita ou pelos fabricantes dos veículos autônomos ou pelas empresas de tecnologia que desenvolvem as aplicações de Inteligência Artificial ou por novos entrantes que não carregam na operação custos de legado.

As empresas destes dois setores que não se atualizarem rapidamente correm o risco de ficarem obsoletas por causa dos elevados custos operacionais das tecnologias tradicionais.

Momento da automação

Uma seguradora dos Estados Unidos desenvolveu um aplicativo de Inteligência Artificial para automatizar todos os seus processos. Os clientes são atendidos pelo aplicativo em todas as etapas (começo ao fim). O software faz a recepção da solicitação, o processamento das políticas internas da empresa, a detecção e análise de fraudes, o pagamento dos prêmios e envia as notificações para os clientes.

O processamento de uma solicitação que anteriormente demorava dias ou meses passou a ser realizado em três segundos com a aplicação. A adoção em larga escala pelas seguradoras deste tipo de aplicação causará um enorme impacto na indústria de seguros.

As aplicações de Inteligência Artificial causarão a maioria das transformações e disrupções da economia mundial nos próximos anos. As empresas que responderem rapidamente e corretamente as mudanças de comportamento dos consumidores conquistarão importantes vantagens competitivas. A maioria das oportunidades e ameaças estarão relacionadas com a evolução da qualidade e personalização dos produtos e serviços.

Existirá um enorme espaço para as inovações. O comportamento de cada um dos mercados vai determinar tanto a viabilidade financeira das inovações de Inteligência Artificial, como o melhor momento para a sua adoção.

Não existem dúvidas que muitas barreiras deverão ser superadas durante a transformação causada pela Inteligência Artificial. Diversas áreas de negócios serão otimizadas pela IA nos próximos anos. A sociedade está caminhando na direção da adoção de robôs médicos ou assistentes financeiros. A velocidade desta mudança é muito alta.

Indústria da Saúde

Na indústria da saúde, existe um elevado potencial de evolução pela adoção de aplicativos de IA. O segmento de serviços de saúde tem espaço para um forte crescimento através da personalização do atendimento e da otimização do uso dos recursos. O segmento das farmácias verá a sua lucratividade crescer de forma superlativa com a personalização do atendimento, com a recorrência das vendas e com a eliminação das perdas e desperdícios no estoque. O segmento de seguros de saúde conquistará ganhos de escala extraordinários com a personalização dos riscos e eliminação de processos redundantes.

A área de diagnóstico será capaz com as aplicações de IA de detectar pequenas variações dos exames em relação ao histórico do paciente e outras pessoas de perfil similar. Também será possível, identificar potenciais epidemias e pandemias. O rastreamento da incidência das doenças ajudará na política de prevenção. Será possível impedir a contaminação em massa e a disseminação das doenças. A precisão dos diagnósticos dos exames de imagem será muito beneficiada com as aplicações de Inteligência Artificial.

O artigo "Inteligência Artificial supera médicos ao ver exames de imagem" (https://www1.folha.uol.com.br/equilibrioesaude/2018/02/inteligencia-artificial-supera-medicos-ao-ver-exames-de-imagem.shtml, acessado em 30/03/2018) revelou que a tecnologia dos robôs está avançando com elevada velocidade na análise precisa dos exames de imagem. Os pacientes serão diagnosticados de forma mais rápida e acurada e terão à sua disposição no curto e médio prazo tratamentos personalizados. As pessoas terão uma significativa melhoria na sua saúde e muitas vidas serão salvas.

O aumento da produtividade virá do sistema de prevenção das doenças que reduzirá a incidência e propagação das doenças. As necessidades de internação hospitalar serão fortemente reduzidas, pois o rápido diagnóstico das doenças permitirá intervenções médicas nos estágios iniciais.

Em relação aos planos de saúde públicos e privados, será possível com a Inteligência Artificial melhorar o planejamento de longo prazo pelo aumento da efetividade da utilização dos recursos. Os profissionais de saúde terão todas as informações do paciente incluindo fotos e impressões digitais na ponta dos dedos e receberão o script e checklist dos procedimentos das cirurgias de forma antecipada e automatizada.

No médio prazo, as aplicações de IA permitirão que os diagnósticos sejam realizados pelos médicos em função do conjunto completo disponível das informações sobre o paciente. Será possível desenvolver e fabricar remédios personalizados em um ambiente totalmente virtual. No longo prazo, as aplicações de IA habilitarão o desenvolvimento de robôs médicos que trabalharão em conjunto com os médicos humanos no diagnóstico das doenças e na condução do tratamento personalizado.

As principais barreiras que as aplicações de IA terão que enfrentar estão relacionadas com a questão da privacidade e proteção das informações sobre a saúde das pessoas. O pleno acesso ao conjunto de informações será de importância fundamental no médio e longo prazo. A biologia humana é uma ciência bastante complexa. Será necessário, neste contexto, desenvolver novas tecnologias e aplicações para que as soluções de IA sejam aceitas pelos pacientes, comunidades e órgãos reguladores.

No curtíssimo prazo, as aplicações de Inteligência Artificial estarão auxiliando os médicos no diagnóstico das doenças. Elas, vão comparar os exames mais recentes com o histórico do paciente e apontar os desvios. Estes desvios gerarão alarmes que serão o ponto de partida para a investigação do diagnóstico pelos médicos.

Os desvios serão comparados dinamicamente, em tempo real, durante todo o tratamento do paciente. É importante destacar que as doenças físicas e mentais serão o alvo principal das aplicações. Em particular, o tratamento de doenças degenerativas como o Alzheimer poderá ser enormemente beneficiado pelos diagnósticos prematuros.

As aplicações vão trabalhar em regime de colaboração com os profissionais de saúde para gerar uma capacidade aumentada de diagnóstico. Como os sistemas vão aprender e melhorar continuamente estamos falando de uma simbiose mutuamente benéfica.

A interação dos médicos com as aplicações permitirá a evolução da acuracidade do diagnóstico e habilitará a criação de um ambiente de confiabilidade onde os profissionais de saúde se sentirão confortáveis para delegar algumas atividades para os sistemas robotizados.

Indústria Automobilística

Também existe elevado potencial de ganhos na indústria automobilística com a introdução das aplicações de Inteligência Artificial. Os segmentos de seguros e de manutenção poderão conquistar vultosos ganhos de escala nas vendas através da personalização dos riscos e recorrência. Os atendimentos individuais realizados por robôs assistentes permitirão um forte aumento do lucro através de vendas recorrentes.

A minimização do estoque de peças possibilitará grandes reduções dos custos. O segmento de componentes e autopeças tem enorme potencial de crescimento pela monitoração dos componentes dos veículos. A personalização do atendimento permitirá: (i) oferta frequente de longo prazo de produtos e serviços, (ii) eliminação de processos redundantes, (iii) produção conforme a demanda e (iv) redução dos custos.

O novo modelo de negócio chamado de mobilidade como um serviço será especialmente beneficiado pela personalização do atendimento. As informações fornecidas pelos consumidores e os dados capturados pela monitoração dos componentes mecânicos e eletrônicos, sistema de localização e aplicativos (por exemplo, avaliação da performance da condução do veículo) permitirão oferecer produtos e serviços que atendam às necessidades específicas dos motoristas e passageiros.

A utilização destas informações pela cadeia produtiva estendida abre um enorme espaço para otimizações e reduções de custos. Como na cadeia de valor estendida existe a integração da manufatura com as concessionárias e com o sistema financeiro é possível disponibilizar um sistema de crédito personalizado para cada um dos consumidores.

Na indústria automobilística as aplicações de IA para a monitoração e manutenção dos veículos estão avançando com grande velocidade. No médio e longo prazo os veículos autônomos vão sustentar a indústria do compartilhamento. Os consumidores serão especialmente beneficiados com o atendimento personalizado. Eles poderão escolher um veículo pequeno e barato para os deslocamentos individuais dentro das cidades e veículos maiores e mais confortáveis para os passeios familiares nas férias, feriados e finais de semana.

No curto prazo, as aplicações de Inteligência Artificial ajudarão os motoristas no balizamento dos veículos nos estacionamentos, na manutenção da centralização da faixa nas pistas, nas manobras realizadas em marcha à ré (inclusive impedindo movimentação do veículo nas situações de risco de colisão com outros veículos, objetos, pessoas e animais), na manutenção da correta distância para o veículo à frente e laterais e na condução do veículo em velocidade de cruzeiro. O sistema alertará automaticamente com mais ou menos veemência os eventos relevantes que estão ocorrendo e impactam o trânsito e a segurança.

No médio prazo, as aplicações de IA permitirão a produção de peças conforme a demanda e a manutenção inteligente dos componentes dos veículos. No longo prazo, as aplicações de Inteligência Artificial permitirão a monitoração inteligente do motor dos veículos eliminando assim as multas por excesso de velocidade.

Os principais desafios que as aplicações de IA enfrentarão nos próximos anos estão relacionados com as situações de funcionamento em temperaturas extremas (calor e frio). As tecnologias precisarão também conquistar a confiança das pessoas e dos organismos regulamentadores.

As frotas de veículos autônomos permitirão que as pessoas tenham acesso a um deles em qualquer lugar. Os motoristas não pagarão IPVA, seguros, manutenções preventivas e corretivas, estacionamentos e garagens. Existem claramente excitantes motivações para avançar no desenvolvimento dos veículos autônomos.

No entanto, todo este investimento será perdido se os fabricantes não forem capazes de entregar soluções que as pessoas e agências reguladoras acreditem. O artigo "Uber pode não ter tido culpa de acidente, mas estava acima da velocidade" (https://tecnologia.uol.com.br/noticias/redacao/2018/03/20/uber-pode-nao-ter-tido-culpa-de-acidente-mas-estava-acima-da-velocidade.htm, acessado em 30/03/2018) revelou que os sistemas de IA para veículos autônomos ainda não são perfeitos e podem causar acidentes graves e fatais. É necessário que as tecnologias sejam desenvolvidas e testadas com transparência e paciência.

Com os veículos autônomos, as pessoas aproveitarão de melhor forma o tempo que era perdido nos deslocamentos tradicionais. As centenas de horas que eram perdidas por ano serão utilizadas para estudar, trabalhas, comprar e etc. O artigo "Paulistano passa, em média, 1 mês e meio no trânsito por ano" (https://veja.abril.com.br/brasil/paulistano-passa-em-media-1-mes-e-meio-no-transito-por-ano/, acessado em 30/03/2018) em conjunto com a postagem "Paulistano perde 108 horas por ano no trânsito" (http://noticias.band.uol.com.br/noticias/100000846381/paulistano-perde-108-horas-por-ano-no-transito.html, acessado em 30/03/2018) revelam o tempo perdido pelos paulistanos nos seus deslocamentos na cidade de São Paulo.

Um caso prático de veículo autônomo no Brasil ocorreu no ano de 2017 em uma usina de cana de açúcar. A lucratividade da usina estava muito pressionada pelos altos juros do sistema financeiro e baixo retorno do investimento. Ela resolveu buscar um caminho estável de curto prazo para aumentar a produtividade e lucro.

Existiam perdas no processo de colheita da cana de açúcar que era realizada em cinco passos: (i) corte dos colmos na base, (ii) corte dos ponteiros, (iii) transporte dos colmos para a colhedora, (iv) retirada das folhas e (v) picagem (operação opcional). O artigo "Colheita da cana para produção de açúcar e etanol" (https://www.novacana.com/cana/colheita-da-cana-producao-acucar-etanol/, acessado em 30/03/2018) revela com maiores detalhes cada um destes passos.

A usina era bastante automatizada e operava com colhedoras e caminhões de transbordo. O caminhão de transbordo trabalha em sincronismo com a colhedora e deve trafegar em cima da linha da cana para que os brotos não sejam destruídos. Quando o caminhão ultrapassa a linha, ele destrói os brotos e impacta negativamente o lucro futuro da usina.

No período noturno ou dias de baixa iluminação e visibilidade o problema de perda da produção futura é agravado, pois é muito difícil para o motorista do caminhão de transbordo dirigir em sincronismo com a colhedora e não pisar e ultrapassar a linha da cana.

A ocorrência de batidas entre o caminhão de transbordo e a colhedora é um fenômeno comum, pois no terreno das plantações existem muitos aclives e declives. Não estamos falando de um percurso em linha reta sem obstáculos. É bastante difícil dirigir o caminhão tendo de controlar ao mesmo tempo tantas várias variáveis. Nas situações de baixa visibilidade, a condução do caminhão sem incidentes de alto impacto e custo é uma atividade praticamente impossível.

Para enfrentar este enorme desafio, o proprietário da usina escolheu usar a solução de caminhão de transbordo autônomo. O veículo opera via GPS com câmeras de vídeo e sensores e consegue trabalhar dia e noite com velocidade constante e com uma margem de erro de 2,5 cm em relação à linha da cana. Como ele trabalha em condições de baixa visibilidade extrema foram conquistados ganhos gigantescos em termos de redução das perdas e aumento da produtividade.

Uma grande indústria automobilística desenvolveu uma aplicação de Inteligência Aumentada para simular, através de modelos, milhares de cenários para o mercado de veículos compartilhados. A aplicação permite que diversas hipóteses sejam testadas e habilita a tomada de decisão sobre a configuração da política corporativa para o mercado de veículos compartilhados.

Todos os modelos são testados em um ambiente virtual sem riscos para o negócio. As simulações virtuais dos cenários permitem que os executivos da empresa entendam em tempo real o impacto ao longo do tempo das suas decisões sobre os veículos compartilhados em termos de participação no mercado e vendas.

Este simulador inteligente permite que os impactos sejam testados em um ambiente virtual em tempo real e de forma dinâmica e interativa. Os executivos da empresa trabalham com o simulador para analisar o impacto das decisões que eles pretendem tomar no ambiente de negócios real.

A postagem "Carros serão data centers sobre rodas, diz especialista" (http://computerworld.com.br/carros-serao-data-centers-sobre-rodas-diz-especialista, acessado em 30/03/2018) revelou que em breve os semáforos reconhecerão os veículos de emergência, que o seguro dos veículos será pago em função da utilização do veículo e que a manutenção dos veículos será preditiva. Em outras palavras, a IA estará fortemente presente na condução dos veículos e na segurança dos passageiros.

Indústria de Serviços Financeiros

A indústria de serviços financeiros tem grande potencial de crescimento da sua lucratividade com a adoção de aplicações de Inteligência Artificial. O segmento de gestão de ativos pode alavancar fortemente os seus resultados com a personalização do atendimento e com a eliminação de processos redundantes.

As aplicações de IA permitem a automação inteligente e customizada fim a fim dos processos e atividades realizadas na gestão patrimonial. Em outras palavras, será possível realizar em segundos os processos e atividades que demoravam meses.

O segmento bancário conseguirá resultados cada vez mais expressivos ao individualizar o atendimento e otimizar o uso dos recursos materiais e imateriais. O segmento de seguros poderá mudar para um patamar mais elevado o seu retorno de investimento com a adoção de aplicações de Inteligência Artificial. Todos os processos da cadeia produtiva estendida poderão ser automatizados e customizados conforme as necessidades individuais dos consumidores.

O custo da demora da execução dos processos e atividades será reduzido drasticamente e importantes vantagens competitivas serão conquistadas. É importante destacar que as vantagens competitivas geradas pela Inteligência Artificial não são facilmente copiadas pela concorrência. É preciso capital intelectual elevado para copiar as personalizações e otimizações.

As aplicações de Inteligência Artificial permitirão que os consumidores acessem as soluções financeiras personalizadas ao invés de analisar cada uma das diversas opções disponíveis e terem de escolher a solução mais apropriada para a sua necessidade.

Em outras palavras, as pessoas customizarão o seu planejamento financeiro. As aplicações de IA também serão utilizadas de forma abrangente nas ações de detecção de fraudes e na execução da estratégia de antilavagem de dinheiro.

A automação dos processos internos da organização e das operações virará realidade pela adoção das aplicações de Inteligência Artificial. Os consumidores serão beneficiados pela oferta de serviços financeiros personalizados e holísticos (por exemplo, produtos direcionados para a aposentadoria, gestão de ativos, planejamento de vida etc.).

Neste contexto, o dinheiro trabalhará intensamente para a realização dos objetivos dos clientes (direcionamento do lucro das aplicações para outros projetos de investimento). O cliente poderá mudar o seu plano de curto, médio e longo prazo pelo nascimento de um bebê, por exemplo.

Já existe no mercado mundial, aplicações de IA que são robôs que avisam os clientes e o sistema financeiro (cadeia estendida de valor) quando um determinado fenômeno ocorre. Os sistemas inteligentes automatizam todos os processos e ações do setor de seguros. Neste novo ambiente, todas as operações financeiras estão completamente automatizadas e trabalham em regime de conformidade com as regras e regulamentações existentes.

No médio prazo, as aplicações de IA otimizarão os produtos financeiros com base nas preferências e sentimentos dos clientes. No longo prazo, as aplicações anteciparão as situações de perdas que existem, por exemplo, no setor de seguros pela análise preditiva. O sistema proativamente modelará o resultado financeiro futuro do seguro em função da taxa de acidentes. Será possível oferecer o melhor seguro para o cliente em função do seu perfil e estilo de vida.

Os clientes poderão com as aplicações de Inteligência Artificial entender a sua posição financeira atual e realizar adaptações gradativas no seu planejamento financeiro e estilo de vida em função dos seus objetivos futuros de curto, médio e longo prazo.

As pessoas terão o seu plano de vida na ponta dos dedos e poderão fazer mudanças em função de circunstâncias como mudança de emprego, promoção profissional, casamento, nascimento de um filho, desemprego, aposentadoria etc.

O sistema financeiro nacional será capaz de desenvolver, com as aplicações de IA, soluções que enderecem as necessidades individuais e específicas dos clientes. Acabará a era de oferecer um leque enorme de opções para que o consumidor escolha a mais apropriada.

As principais barreiras que as aplicações de Inteligência Artificial enfrentarão no médio e longo prazo estão relacionadas com a conquista da confiança dos clientes e com a sua aceitação pelas agências reguladoras. As aplicações de IA podem levar as pessoas para movimentações em efeito manada e por isto precisam de mecanismos de interrupção inteligentes.

A postagem "AI do Bradesco realiza 4,5 mil interações por hora" (http://computerworld.com.br/ai-do-bradesco-realiza-45-mil-interacoes-por-hora, acessado em 30/03/2018) revelou que as aplicações de Inteligência Artificial ajudam os funcionários em relação aos produtos e serviços oferecidos pelo banco para os clientes.

O planejamento financeiro personalizado é sem dúvida alguma a aplicação matadora da Inteligência Artificial no curto prazo para a indústria de serviços financeiros. Os bancos, corretoras etc. gastam milhões de reais por ano para desenvolver cenários e aconselhar os seus clientes. As aplicações financeiras de IA, que são na verdade robôs aconselhadores, oferecerão soluções personalizadas de investimento para uma grande quantidade de clientes com custo marginal unitário aproximadamente nulo.

Todos os clientes receberão o tratamento que o sistema financeiro nacional oferece para os clientes classe AAA (triplo A). O sistema será configurado para gerenciar dinamicamente as aplicações financeiras para endereçar os objetivos de cada um dos clientes. Uma forma deste gerenciamento dinâmico é, por exemplo, fazer a gestão dos empréstimos e hipotecas para que o cliente pague a menor taxa de juros possível.

Também será possível maximizar a rentabilidade dos fundos e ativos dos clientes. Neste caso, será uma atividade de inteligência aumentada, pois a aplicação alertará o cliente sobre as oportunidades e ele decidirá se aceita ou não as recomendações. Será uma ação dinâmica que em alguns casos será atualizada segundo a segundo.

Os assistentes inteligentes permitirão que os serviços financeiros disponibilizados pelas organizações usem o aprendizado de máquina para desenvolver séries de dados para que todas as transações sejam realizadas em conformidade com as políticas internas.

As soluções baseadas no aprendizado de máquina permitirão que as empresas participantes da cadeia produtiva estendida do sistema financeiro identifiquem os padrões das transações e melhorem o entendimento das motivações. As análises de comportamento permitirão o entendimento dos motivos da variabilidade das escolhas.

A combinação das políticas e regras internas e externas com a análise das preferências dos consumidores, com as informações do mercado financeiro, com as informações comportamentais das pessoas permitirão a construção de um modelo efetivo de previsão dos padrões de decisão das pessoas. A organização desenvolverá respostas para cada comportamento e oferecerá um resultado melhor para o consumidor e empresa.

Indústria de Transporte e Logística

A indústria de transporte e logística será muito beneficiada com as aplicações de IA. Existe muito espaço para ganhos de escala, eliminação de perdas, desperdícios, roubos e aumento da lucratividade através de atendimento personalizado. O segmento de transporte ganhará muita rentabilidade com a introdução dos veículos autônomos.

A previsibilidade da condução permitirá otimizações na manutenção dos veículos. Os custos fixos e variáveis dos transportes cairão dramaticamente com as aplicações de Inteligência Artificial. A monitoração inteligente e proativa de todos os componentes e da condução do veículo poderá reduzir tanto os gastos com combustíveis, como com peças, como com seguros.

A personalização do atendimento permitirá o pleno entendimento da rotina dos consumidores e com isto melhorar a oferta de produtos e serviços. O endereçamento das necessidades dos clientes cria ambiente de compras recorrentes.

O segmento de logística ganhará um forte ganho de produtividade com as aplicações de IA. A automação inteligente do armazenamento e deslocamento permitirá o famoso fazer mais com menos. Espaço físico e tempo serão economizados pela integração da cadeia produtiva estendida.

As situações onde horas são desperdiçadas, porque é preciso mover vários contêineres que estão em cima do contêiner que será retirado deixarão de fazer parte da rotina das operadoras de logística. O armazenamento e o transporte serão trabalhados com uma visão holística.

A rastreabilidade do sistema avisará de forma personalizada a situação de uma mercadoria em cada uma das etapas do armazenamento e transporte. Será alcançada maior acuracidade e previsibilidade dos prazos informados para os consumidores. Esta evolução gerará no médio e longo prazo uma grande melhoria dos serviços ofertados pelo segmento.

Na indústria de transporte e logística, as aplicações de Inteligência Artificial serão focadas nas entregas usando veículos autônomos (caminhões, trens, navios e aviões). Existirá também foco, no controle de tráfego, na redução dos congestionamentos, no armazenamento inteligente dos produtos e na melhoria da segurança.

Os consumidores serão beneficiados pelo crescimento da flexibilidade. Existirá personalização com diversas opções para o armazenamento e transporte de produtos. As pessoas serão transportadas com grande efetividade e flexibilidade. Existirão, no futuro, diversas ofertas para o rápido e confiável deslocamento das mercadorias e pessoas.

No curto prazo, as aplicações de IA automatizarão o armazenamento inteligente das mercadorias nos depósitos e armazéns. No médio prazo, elas controlarão o tráfego terrestre, marítimo e aéreo. No longo prazo, elas estarão presentes nos veículos autônomos e nas entregas realizadas por veículos autônomos (terrestres, marítimos e aéreos).

Os sistemas de IA permitirão que o tempo de inventário do estoque seja reduzido de dias para minutos. Encontrar um carro específico no pátio com 1000 veículos de uma montadora será uma atividade realizada em poucos minutos. As perdas por roubos cairão dramaticamente, pois o sistema controlará proativamente todos os acessos aos veículos e as peças e componentes no estoque.

Nos aeroportos, o controle inteligente de acesso aumentará a efetividade da monitoração dos ativos e pessoas e reduzirá os custos. Nas estradas, as aplicações permitirão o controle ativo das cargas e inibirão os roubos por conta da rastreabilidade.

As aplicações de Inteligência Artificial habilitarão os cronogramas inteligentes de entregas de mercadorias e serviços, ao mesmo tempo, em que reduzirão os congestionamentos.

Neste cenário, existirão riscos elevados por conta das falhas, por isto, serão realizados ajustes em tempo real no sistema de transporte. A postagem "Estudo prova que Waze e Google Maps, na verdade, atrapalham o trânsito" (https://tecnologia.uol.com.br/noticias/redacao/2018/03/16/estudo-prova-que-waze-e-google-maps-na-verdade-atrapalham-o-transito.htm, acessado em 30/03/2018), revelou que os aplicativos podem, por falta de inteligência, gerar maiores congestionamentos.

O grande desafio futuro das aplicações de Inteligência Artificial será transformar em realidade a tecnologia para o controle dinâmico e integrado dos veículos e cargas. As aplicações de controle de tráfego e de redução de congestionamentos serão matadoras.

Elas atuarão em conjunto com os veículos autônomos permitindo assim a utilização dos ativos de transporte 24 horas por dia, 7 dias por semana e 30 dias por mês. Existirá uma enorme redução de custos neste cenário. Os modelos de negócio do segmento de logística e transporte sofrerão, como consequência deste cenário habilitado pelas tecnologias de IA, profundas disrupções.

Tanto os desenvolvedores de veículos autônomos, como os seus fabricantes poderão virar novos entrantes no segmento de logística e transporte. Também será possível que os grandes varejistas como Amazon integrem e consolidem verticalmente a sua cadeia produtiva e trabalhem também na indústria de transporte e logística.

Indústria do Varejo

A indústria do varejo conquistará fortes ganhos de lucratividade com as aplicações de Inteligência Artificial. A integração da cadeia produtiva estendida permitirá que todos os participantes minimizem os seus estoques. A produção, o transporte e o armazenamento das mercadorias ocorrerão conforme a demanda.

Nas lojas, a IA identificará os clientes através do reconhecimento facial e enviará o seu perfil para os vendedores instantaneamente. Cada consumidor será atendido de forma personalizada e terá uma melhor experiência com a loja, restaurante, banco etc. Como a melhoria de qualidade gera vendas recorrentes e o retorno do cliente gera mais informações e dados sobre o seu perfil, é criada, neste caso, uma espiral positiva de redução de custos e aumento de vendas.

Na indústria do varejo, as aplicações de Inteligência Artificial focarão a personalização dos projetos e produção. O alvo será o desenvolvimento de um modelo que analise as ações dos consumidores e antecipe a demanda. O aprendizado profundo das máquinas será a ferramenta adotada para o aprimoramento da gestão do estoque e das entregas.

Os consumidores serão beneficiados com as aplicações de IA no médio prazo, pois eles poderão com a customização, conforme a demanda, contar com uma grande disponibilidade de bens e serviços. As vendas serão realizadas no local, momento e formato mais apropriado para os clientes.

A plena customização dos bens e serviços permitirá o completo endereçamento das necessidades dos compradores e influenciadores.

No curto prazo, as aplicações de Inteligência Artificial beneficiarão as pessoas através da oferta de bens e serviços conforme a preferência pessoal. No longo prazo, os sistemas trabalharão todas as informações disponíveis sobre os consumidores para prever a demanda futura de produtos e serviços.

Muito tempo, dinheiro e energia serão economizados com as aplicações de IA, pois, as pessoas não mais terão que procurar nas prateleiras, catálogos e portais de Internet os bens e serviços que elas querem comprar.

As empresas inteligentes conquistarão uma enorme economia na produção, armazenamento e estocagem dos produtos com as aplicações de antecipação da demanda.

A principal barreira a ser superada neste empolgante cenário para o varejo será a adaptação da cadeia produtiva estendida para a abordagem da agilidade e customização.

O artigo "Disrupções e exponencialidades são as novas regras do jogo" (http://cio.com.br/opiniao/2018/03/21/disrupcoes-e-exponencialidades-sao-as-novas-regras-do-jogo/, acessado em 30/03/2018) revelou que o futuro é construído passo a passo e que as mudanças tecnológicas são seguidas de mudanças sociais, políticas e culturais.

A postagem "Transformação Digital: muita fumaça e pouco fogo" (http://cio.com.br/gestao/2018/02/26/transformacao-digital-muita-fumaca-e-pouco-fogo/, acessado em 30/03/2018) afirmou que atualmente os negócios estão baseados na velocidade, agilidade, inovação e experiência do usuário.

Será preciso, portanto, desenvolver dentro da cadeia valor à confiança nas informações presentes nos sistemas. A arquitetura de negócio só funcionará se existir de forma ampla e disseminada confiança na segurança dos dados. A personalização dos projetos e produção será "sem sombra de dúvida" a aplicação de maior retorno de investimento.

O fim da produção padronizada dos bens e serviços permitirá que os clientes configurem as suas necessidades individuais, ou seja, forma, será gerada uma espiral de compras recorrentes.

O setor de moda e vestuário será enormemente beneficiado com a produção customizada. O cliente comprará, por exemplo, uma carteira igual a que ele vem usando por anos que já saiu do catálogo das lojas. Os consumidores também poderão simular peças de roupas com as aplicações de Inteligência Artificial de projeto customizado e interativo.

Eles poderão comprar estas peças de roupa em tempo real "Vestidos made in China viram febre entre as noivas", (https://www1.folha.uol.com.br/mercado/2018/04/vestidos-made-in-china-viram-febre-entre-as-noivas.shtml, acessado em 21/05/2018). A personalização do projeto e produção permitirá a realização dos projetos customizados sem que exista o custo do estilista.

A indústria poderá produzir um pequeno lote das melhores criações dos consumidores e testar a sua aceitação no mercado. A produção automatizada permitirá que a indústria realize mudanças no projeto original conforme os comentários recebidos.

Indústria de Energia

A indústria de energia será especialmente favorecida com as aplicações de Inteligência Artificial. No segmento de energia elétrica o entendimento do fluxo da demanda permitirá o estabelecimento de um gerenciamento inteligente da oferta onde a estrutura de custos é minimizada.

Será possível com a Inteligência Artificial redirecionar os circuitos elétricos para ofertar menos energia para os lugares de baixa demanda e aumentar a oferta de energia nos lugares de demanda elevada de forma dinâmica, instantânea e automática.

Também será possível comprar energia dos lugares de baixa demanda. Desta forma os custos são minimizados. Os consumidores poderão controlar o seu consumo de energia conforme o preço dinâmico e desta forma redirecionar algumas das suas atividades para horários de preço baixo.

Nos casos onde o consumidor será na realidade um prosumidor de energia elétrica, ele poderá escolher entre realizar uma atividade naquele momento ou vender o seu excedente de energia. A personalização do atendimento do prosumidor permitirá um aumento na qualidade da oferta dos produtos e serviços relacionados com energia elétrica, pois existirá a habilitação do perfil de consumo por período, dia, hora e minuto.

O cliente poderá ofertar para a distribuidora o seu excedente de energia durante as suas viagens, por exemplo. Poderão existir trocas não monetárias entre as partes.

As distribuidoras de energia elétrica poderão, com o pleno conhecimento do seu prosumidor, entregar em função da necessidade e de forma dinâmica fatores de potência diferentes. Os medidores inteligentes permitirão que uma unidade central controle a residência, escritório, consultório etc. em conformidade com o orçamento de despesas e realização de receitas.

Na indústria de energia as aplicações de Inteligência Artificial habilitarão o pleno funcionamento dos medidores inteligentes que disponibilizarão em tempo real diversas informações sobre o consumo de energia de uma instalação.

Com base nestas informações, as operadoras de energia poderão melhorar o planejamento da distribuição e os consumidores poderão estabelecer os melhores hábitos para reduzir o consumo de eletricidade. Por exemplo, o usuário poderá limitar o tempo de alimentação dos circuitos de 220V e reduzir o gasto com a energia elétrica no banho.

As geradoras e distribuidoras de energia elétrica poderão com os medidores inteligentes definir políticas para aumentar a eficiência da operação da rede elétrica. Os medidores inteligentes também permitirão um aumento da previsibilidade do planejamento das necessidades de manutenção da infraestrutura da rede elétrica.

Os consumidores serão fortemente beneficiados pelas aplicações de IA. A oferta e demanda de energia elétrica será mais eficiente. A estrutura de custos será mais eficaz. No curto prazo, as aplicações matadoras estarão relacionadas com os medidores inteligentes. No médio prazo, a Inteligência Artificial otimizará o gerenciamento da matriz energética.

No longo prazo, os softwares permitirão o aumento da eficiência e da consistência da geração de energia através do uso de fontes renováveis (por exemplo, energia solar e eólica). A redução da variabilidade das previsões climáticas e da demanda de energia otimizará a utilização. A energia gerada pelos ventos e pelas ondas será usada com maior sabedoria.

As aplicações de Inteligência Artificial para o segmento de energia e os medidores inteligentes permitirão um significativo aumento da segurança da geração e distribuição da energia elétrica e reduzirão expressivamente a probabilidade de ocorrerem blecautes.

O artigo “Disjuntor que provocou apagão estava ajustado para operar com menos energia” (https://www1.folha.uol.com.br/mercado/2018/03/disjuntor-que-provocou-apagao-estava-ajustado-para-operar-com-menos-energia.shtml, acessado em 30/03/2018) revelou que um erro de ajuste em um componente da rede elétrica pode ter gerado o apagão que deixou 70 milhões sem luz. A IA pode prever as consequências dos ajustes em tempo real.

O capital de investimento é o principal desafio que será enfrentado pelas aplicações de IA na indústria de energia. O desenvolvimento das tecnologias necessárias para construir redes inteligentes de distribuição de energia e medidores inteligentes exige um volume bastante elevado de investimento durante alguns anos. O retorno do investimento será realizado no longo prazo em função do consumo.

Os medidores inteligentes permitirão que os consumidores personalizem o seu consumo. Como consequência, eles poderão alcançar forte redução do custo. Os grandes consumidores, que serão prosumidores, analisarão em tempo real os seus gastos com energia elétrica e negociarão tarifas personalizadas em função do uso. Eles identificarão as fontes de energia mais eficientes e eficazes para as suas necessidades.

No segmento de óleo e cana de açúcar onde existe a produção de energia a partir da queima de combustível fóssil e bagaço da cana, as aplicações de IA poderão controlar a produção com base nos preços instantâneos praticados pelo mercado.

O sistema poderá estimar se é mais vantajoso produzir e ofertar energia em um determinado momento ou é melhor esperar pelo momento de alta da demanda e preço. Será possível minimizar os custos de produção, eliminar redundâncias, perdas e desperdícios e explorar as melhores oportunidades.

Indústria de Tecnologia e Entretenimento

A indústria de tecnologia e entretenimento também colherá frutos positivos com as aplicações de Inteligência Artificial. Segmentos como computação em nuvem, criptomoedas etc. conseguirão fortes ganhos de produtividade no curto prazo. Será possível usar melhor os recursos disponíveis e conquistar ganhos de escala.

O tempo para a execução dos processos será menor e existirá redução do consumo de energia elétrica pela eliminação das perdas e desperdícios nos grandes datacenters. No médio e longo prazo, a personalização dos produtos e serviços permitirá a oferta de soluções mais qualificadas e a geração de compras recorrentes.

Os setores do segmento de entretenimento como música e vídeo em streaming poderão alavancar um novo patamar de lucratividade com as aplicações de IA. O entendimento do perfil do consumidor proporcionado pela Inteligência Artificial permitirá no curto prazo a oferta de conteúdo conforme a sua preferência.

O sistema será capaz de aprender com as escolhas dos clientes (estilo musical, conteúdo inédito etc.) e oferecerá produtos personalizados compatíveis com cada perfil.

Já é possível em 2018, criar trilhas sonoras para filmes, comerciais etc. sem ter conhecimento musical. A Inteligência Artificial do Amper Music (https://www.ampermusic.com/, acessado em 21/05/2018) permite a composição e produção de diversas músicas originais para um tema ou conteúdo específico. É possível usar a IA do Amper Music para criar uma trilha sonora e oferecer a mesma na plataforma Spotify (https://www.spotify.com/br/, acessado em 21/05/2018).

Será possível, no curto prazo, economizar muito dinheiro em propaganda e marketing pela introdução da personalização do atendimento. O cliente evitará perdas de tempo em uma longa procura no acervo de livros, músicas e filmes, pois ele será direcionado para o conteúdo compatível com o seu estilo.

As empresas participantes da cadeia produtiva economizarão com este estratagema muita energia elétrica no processamento nas buscas dos clientes. É uma dupla vantagem competitiva. O cliente economiza tempo ao ser direcionado para o conteúdo personalizado e a empresa economiza em energia elétrica, processamento e utilização dos recursos cibernéticos. Em alguns casos o processamento da busca do cliente deixará de existir, pois o consumidor vai adquirir o conteúdo sugerido pela aplicação de IA.

Os setores do segmento de entretenimento de música, vídeo e livro conforme à demanda enfrentarão uma situação peculiar. Ao contrário dos outros mercados onde as aplicações de IA vão gerar ganhos de produtividade no curto prazo e melhorar a qualidade pela personalização no médio e longo prazo, neste caso, teremos ciclos de curto e médio prazo com ganhos simultâneos de produtividade e qualidade pela customização. Nestes três setores, a produtividade e a qualidade vão caminhar de mãos dadas ao longo do tempo.

Na indústria de tecnologia e entretenimento as aplicações de Inteligência Artificial contribuirão para divulgar de forma personalizada os conteúdos. Elas também estarão presentes na criação de conteúdo personalizado para a propaganda e marketing, filmes, livros, músicas etc. O conteúdo customizado habilitado pela IA permitirá o desenvolvimento de campanhas personalizadas de propaganda e marketing.

Os consumidores serão grandemente beneficiados com o conteúdo individualizado. Eles poderão ligar a TV e encontrar na grade de programação apenas os filmes e séries que eles gostam e receber ofertas de novos conteúdos recomendados para o perfil dele. A operadora de televisão a cabo poderá oferecer apenas o conteúdo desejado pelo seu cliente e com isto ganhará mais dinheiro com as vendas recorrentes.

Os anúncios personalizados permitirão que as operadoras ofereçam para os anunciantes perfis específicos de consumo e comportamento. Elas vão oferecer maior valor agregado para os anunciantes e todos poderão minimizar os custos e maximizar a renda.

No curto prazo, as aplicações de IA oferecerão recomendações personalizadas de conteúdo para os consumidores. No médio prazo, os robôs de telemarketing estabelecerão conversas naturais com as pessoas e identificarão as oportunidades de negócio (Google Duplex irá avisar que é uma AI e que ligações são gravadas, http://idgnow.com.br/internet/2018/05/21/google-duplex-ira-avisar-que-e-uma-ai-e-que-ligacoes-sao-gravadas/, acessado em 21/05/2018). No longo prazo, será possível encontrar aplicações de Inteligência Artificial participando da criação de novos conteúdos personalizados.

No artigo "Robôs criativos e um novo desafio para direitos autorais" (https://www.ab2l.org.br/robos-criativos-e-um-novo-desafio-para-direitos-autorais/, acessado em 30/03/2018) foi revelado que o projeto "The Next Rembrandt" (https://www.nextrembrandt.com/, acessado em 30/03/2018) é baseado na tecnologia de aprendizado de máquina profundo da Inteligência Artificial para recriar as pinceladas do Rembrandt.

O projeto "FlowMachines" (http://www.flow-machines.com/, acessado em 30/03/2018) é baseado em uma Inteligência Artificial que é capaz de criar melodias.

A postagem "Agência cria marca a partir de Inteligência Artificial" (https://portal.comunique-se.com.br/agencia-marca-inteligencia-artificial/, acessado em 30/03/2018) afirmou que a agência Jüssi utilizou a tecnologia de Inteligência Artificial do Watson para criar a marca Nexo.

O artigo "Engenheiro cria robô para escrever próximo livro de 'Game of Thrones'" (https://oglobo.globo.com/sociedade/tecnologia/engenheiro-cria-robo-para-escrever-proximo-livro-de-game-of-thrones-21764932, acessado em 30/03/2018) revelou que foi criado um robô para escrever o próximo livro de 'GOT'.

Neste novo ambiente de conteúdo personalizado os consumidores poderão escolher de forma rápida e fácil um conteúdo que reflita a sua preferência e humor (o conteúdo pode ser interativo em tempo real). A principal barreira que existe para o amplo uso das aplicações de IA nesta indústria está relacionada com a grande quantidade de informações não estruturadas.

Será necessário desenvolver uma forte análise dos dados para que os ruídos não sobreponham as informações. O nível mínimo de inteligência das análises será muito acima do trivial. Os profissionais responsáveis pela análise dos dados precisarão ter elevada capacidade e capacitação.

A aplicação de maior retorno financeiro será a busca personalizada nas imagens, filmes e músicas. Por exemplo, os filmes assistidos nos cinemas serão etiquetados cena a cena conforme as reações das pessoas para que eles possam ser recomendados e monetizados adequadamente. As aplicações de IA aprenderão com as reações das pessoas.

Será preciso desenvolver uma nova política de privacidade, pois os filmes, as músicas, os livros, as propagandas etc. serão monitorados e etiquetados conforme o comportamento das pessoas. Por exemplo, uma pessoa cantando a música tocada no rádio, ou o torcedor que "fala" durante um jogo de futebol, ou um adulto ou criança que comenta com a família sobre um produto ou comercial que passou na TV.

A classificação de um conteúdo precisará ser eficiente e eficaz. Não tem sentido recomendar um conteúdo que não é atrativo para o perfil. Quanto melhor for a classificação do conteúdo mais fácil será a construção do caminho da etiquetação das recomendações. A classificação inteligente criará uma espiral positiva de crescimento das vendas.

Indústria de Manufaturação

Na indústria de manufaturação, as aplicações de Inteligência Artificial conseguirão aumentar a produtividade da produção da cadeia de valor estendida pela redução dos estoques dos produtos semiacabados. Será possível melhorar tanto o armazenamento como o fluxo dos materiais. O tempo gasto na produção será reduzido. O custo unitário marginal vai cair dramaticamente nos próximos anos.

As aplicações de IA habilitarão os produtos inteligentes e criarão ciclo contínuo de melhoria da qualidade. Quanto mais um produto for utilizado, maior será a quantidade de informações e dados produzidas pelo mesmo. O tratamento dos novos dados permitirá que a indústria aumente a personalização.

As novas necessidades dos consumidores serão atendidas com novas versões das aplicações e existirá um crescente aumento do nível de satisfação dos consumidores.

Como os ajustes no software serão realizados pelas aplicações de Inteligência Artificial, isto significa que o custo marginal unitário da nova versão será praticamente nulo. O aumento da lucratividade do negócio é exponencial neste caso. A personalização permite que um dos consumidores enxergue uma virtude diferente para o produto.

A indústria poderá oferecer ao mercado os novos usos e benefícios utilizando a sua base de clientes como unidade de pesquisa e desenvolvimento. O trabalho será realizado com custo marginal zero.

Na indústria, as aplicações de Inteligência Artificial habilitarão a integração total do sistema de produção da cadeia de valor estendida pela eliminação das arestas e pontos de atrito. Teremos fortes ganhos de eficiência e eficácia na entrega dos bens e serviços. Será viabilizada a produção preditiva. A produção antecipada ocorrerá por causa de uma elevada expectativa em relação à demanda futura de curto prazo.

As aplicações de IA permitirão a melhoria da monitoração e autocorreção dos processos produtivos gerando assim a otimização da cadeia de suprimentos e produção. A produção conforme a demanda será habilitada. Os consumidores serão beneficiados de forma indireta por conta do aumento da flexibilidade da cadeia produtiva estendida.

Existirá um grande aumento da velocidade da capacidade de resposta. Este novo cenário permitirá a manufaturação de produtos personalizados, a redução das perdas, desperdícios e defeitos pela autocorreção dos processos produtivos e o aumento da velocidade das entregas.

No curto prazo, a Inteligência Artificial gerará o crescimento da automação de uma grande quantidade de processos industriais. No médio prazo, a automação inteligente dos processos da cadeia de suprimentos permitirá a otimização tanto pela redução de custos, como pelo aumento da previsibilidade, como pela redução da variabilidade dos prazos de entrega.

No longo prazo, as aplicações de IA serão utilizadas na análise preditiva e no desenvolvimento dos produtos. A indústria aposentará a sua tradicional prática de estimar e responder a demanda passada.

Será um cenário onde as respostas para as demandas dos consumidores serão cada vez mais rápidas. O prazo das entregas será cada vez menor. O principal fator crítico de sucesso para este novo mundo será a capacidade de colaboração de todos os participantes da cadeia de valor estendida.

A criação de um ambiente colaborativo envolvendo a multidão (ou seja, time permanente, redes de relacionamento, usuários, consumidores, clientes, fornecedores, parceiros, fãs, funcionários que trabalham conforme a demanda e ex-funcionários) exige que todos os membros da cadeia produtiva tenham acesso a mesma tecnologia e mantenham equipes que partilhem os ideais da colaboração. Apenas desta forma será possível explorar as oportunidades de negócios que existirão na cadeia de suprimentos e produção.

As aplicações de IA de monitoração com autoaprendizado dos processos da linha de produção serão de elevado retorno financeiro, pois elas aumentarão as previsibilidades das saídas. Todas as atividades relacionadas com a manufaturação dos bens e serviços serão controladas.

O aumento do controle dos processos permitirá a redução da variabilidade. O estabelecimento de limites de controles para os processos eliminará ou reduzirá os custos dos atrasos e dos defeitos.

A monitoração inteligente com autoaprendizado será possível apenas quando existir uma grande quantidade de informações e dados dos processos da produção de bens e serviços. Estas informações serão disponibilizadas para todos os membros da cadeia produtiva estendida.

Bibliografia

http://www1.folha.uol.com.br/mercado/2017/10/1927940-amazon-abre-seu--site-para-comercio-de-produtos-de-outros-vendedores.shtml?FOLHA_KEY_1=bc7606455f97eeb8fd3e4da594cbdb2b&FOLHA_KEY_2=77895e1c54990194cebffa0a277d18d5, Amazon abre seu site para comércio de eletrônicos de outros vendedores, acessado em 30/03/2018

https://www1.folha.uol.com.br/equilibrioesaude/2018/02/inteligencia-artificial--supera-medicos-ao-ver-exames-de-imagem.shtm, Inteligência Artificial supera médicos ao ver exames de imagem, acessado em 30/03/2018

https://tecnologia.uol.com.br/noticias/redacao/2018/03/20/uber-pode-nao-ter--tido-culpa-de-acidente-mas-estava-acima-da-velocidade.htm, Uber pode não ter tido culpa de acidente, mas estava acima da velocidade, acessado em 30/03/2018

https://veja.abril.com.br/brasil/paulistano-passa-em-media-1-mes-e-meio-no--transito-por-ano/, Paulistano passa, em média, 1 mês e meio no trânsito por ano, acessado em 30/03/2018

http://noticias.band.uol.com.br/noticias/100000846381/paulistano-perde-108-horas-por-ano-no-transito.html, Paulistano perde 108 horas por ano no trânsito, acessado em 30/03/2018

https://www.novacana.com/cana/colheita-da-cana-producao-acucar-etanol/, Colheita da cana para produção de açúcar e etanol, acessado em 30/03/2018

http://computerworld.com.br/carros-serao-data-centers-sobre-rodas-diz-especialista. Carros serão data centers sobre rodas, diz especialista, acessado em 30/03/2018

http://computerworld.com.br/ai-do-bradesco-realiza-45-mil-interacoes-por-hora, AI do Bradesco realiza 4,5 mil interações por hora, acessado em 30/03/2018

https://tecnologia.uol.com.br/noticias/redacao/2018/03/16/estudo-prova-que-waze-e-google-maps-na-verdade-atrapalham-o-transito.htm, Estudo prova que Waze e Google Maps, na verdade, atrapalham o trânsito, acessado em 30/03/2018

http://cio.com.br/opiniao/2018/03/21/disrupcoes-e-exponencialidades-sao-as-novas-regras-do-jogo/, Disrupções e exponencialidades são as novas regras do jogo, acessado em 30/03/2018

http://cio.com.br/gestao/2018/02/26/transformacao-digital-muita-fumaca-e-pouco-fogo/, Transformação Digital: muita fumaça e pouco fogo, acessado em 30/03/2018

https://www1.folha.uol.com.br/mercado/2018/03/disjuntor-que-provocou-apagao-estava-ajustado-para-operar-com-menos-energia.shtml, Disjuntor que provocou apagão estava ajustado para operar com menos energia, acessado em 30/03/2018

https://www.ab2l.org.br/robos-criativos-e-um-novo-desafio-para-direitos-autorais/, Robôs criativos e um novo desafio para direitos autorais, acessado em 30/03/2018 https://www.nextrembrandt.com/, The Next Rembrandt, acessado em 30/03/2018

http://www.flow-machines.com/, FlowMachines, acessado em 30/03/2018

https://portal.comunique-se.com.br/agencia-marca-inteligencia-artificial/, Agência cria marca a partir de Inteligência Artificial, acessado em 30/03/2018

https://oglobo.globo.com/sociedade/tecnologia/engenheiro-cria-robo-para-escrever-proximo-livro-de-game-of-thrones-21764932 Engenheiro cria robô para escrever próximo livro de 'Game of Thrones', acessado em 30/03/2018

https://www.ampermusic.com/, Amper Music, acessado em 21/05/2018

https://www.spotify.com/br/, Spotify, acessado em 21/05/2018

http://idgnow.com.br/internet/2018/05/21/google-duplex-ira-avisar-que-e-uma-ai-e-que-ligacoes-sao-gravadas/, Google Duplex irá avisar que é uma AI e que ligações são gravadas, acessado em 21/05/2018

https://www1.folha.uol.com.br/mercado/2018/04/vestidos-made-in-china-viram-febre-entre-as-noivas.shtml, Vestidos made in China viram febre entre as noivas, acessado em 21/05/2018

Aplicações da Inteligência Artificial

IA na prática

A maioria das empresas está adotando as aplicações de Inteligência Artificial para aprimorar os seus processos e aumentar a produtividade dos seus funcionários.

Foi revelado que 80% dos diretores brasileiros já se arrependeram de contratações que fizeram. Os executivos descobriram da pior forma possível as mentiras afirmadas nos currículos (https://www1.folha.uol.com.br/colunas/mercadoaberto/2018/03/agencias-brasileiras-repensam-uso-de-facebook-apos-polemica-sobre-dados.shtml, acessado em 21/05/2018).

Uma empresa de crédito da Argentina oMelhorTrato.com (https://www.omelhortrato.com/, acessado em 21/05/2018) que também enfrentou problemas em relação aos profissionais contratados resolveu mudar os seus paradigmas. Ela adotou os recursos de aprendizagem profunda da plataforma TensorFlow (https://www.tensorflow.org/, acessado em 21/05/2018) para automatizar o seu processo de contratação e reduzir o arrependimento nas contratações.

O sistema avalia os currículos dos candidatos com base em algumas qualificações predeterminadas pelo departamento de recursos humanos. Foi possível, com a aplicação, liberar os analistas humanos da atividade de leitura e avaliação dos currículos. Cerca de 70% do tempo dos analistas era consumido na etapa de leitura e avaliação dos currículos.

Após a seleção do sistema, os analistas avaliam os currículos restantes para eliminar as inconsistências e mentiras. A possibilidade de contratar um profissional que mentiu no currículo é bastante reduzida. Como os analistas humanos identificam os erros da seleção do sistema, a Inteligência Artificial evolui os critérios de avaliação e melhora a sua efetividade.

No caso, desta empresa da Argentina, a produtividade dos processos de seleção e contratação de profissionais cresceu aproximadamente 25% com a aplicação de IA.

As atividades repetitivas do processo de recrutamento são agora executadas automaticamente pelos computadores e os analistas humanos têm bastante tempo para entrevistar os profissionais capacitados para a função desejada. O nível de arrependimento das contratações caiu drasticamente.

É evidente que existe o risco de as parametrizações das qualificações programadas na aplicação de aprendizagem profunda gerarem uma seleção preconceituosa. Por exemplo, é muito provável que um candidato com o hobby de andar a cavalo seja da classe de renda AAA.

Se o sistema usar o hobby do profissional como qualificador para a seleção dos currículos, o resultado será discriminatório por renda. Outros parâmetros de qualificação podem gerar discriminação por gênero, idade, raça etc.

Os analistas humanos que parametrizaram o sistema tiveram o cuidado de escolher um conjunto de qualificações que não gere resultados discriminatórios. É importante que os analistas humanos supervisionem o aprendizado profundo. O sistema que aprende com as informações históricas armazenadas nos computadores pode ficar refém dos dados e gerar uma seleção preconceituosa.

Por exemplo, se uma função é historicamente ocupada por um profissional do sexo masculino é muito provável que a aplicação de Inteligência Artificial mantenha este padrão e selecione apenas candidatos homens. É preciso que os analistas humanos trabalhem o sistema para que ele reflita as mudanças comportamentais da sociedade e nunca gere uma seleção viciada. É um desafio enorme.

A empresa americana Premium Retail Services (https://premiumretail.com/, acessado em 21/05/2018) desenvolveu um algoritmo para facilitar a vida dos varejistas na criação de modelos preditivos. Os fornecedores do varejo podem com o aplicativo, identificar a tendência das informações e descobrir quais pontos de vendas precisam ser visitados, quanto tempo é gasto para chegar em uma determinada loja e quanto custa cada visita.

Já existem no mercado alguns conjuntos de parametrizações, customizações e ações para o Alexa e Google Home que habilitam a exploração das oportunidades de mercado em tempo real. A tomada de decisões é mais rápida e com melhores informações.

Como as bases de conhecimento do Alexa e Google Home são independentes e diferentes, os resultados da análise preditiva dos dois dispositivos de IA sobre um determinado assunto não são obrigatoriamente iguais. As pessoas podem, neste caso, tomar as suas decisões com uma riqueza maior de informações e detalhes. O impacto na produtividade das decisões empresariais é imenso.

As empresas americanas de engenharia, desenvolvimento de software, gerenciamento de projetos e marketing (por exemplo, Blackbelt, https://www.blackbelt.ai/, acessado em 21/05/2018) estão usando as aplicações de IA que monitoram e rastreiam de forma automática e autônoma as atividades realizadas nos computadores para determinar quanto tempo dos funcionários é utilizado em cada projeto. A aplicação Allocate (https://www.allocate.ai/, acessado em 21/05/2018) também avalia o nível de utilização de outros recursos.

Neste segmento, a transparência operacional é um fator crítico de sucesso. É extremamente importante informar aos clientes com transparência sobre as horas gastas em um projeto. A lucratividade do negócio depende da precisão da planilha de horas.

O diferencial competitivo desta tecnologia de IA é que uma pesquisa sobre o nível de utilização de um determinado recurso em um evento específico de um projeto que anteriormente demorava meses agora pode ser realizada em poucos dias.

É um ganho imenso de produtividade. O processo de construção de uma marca forte no segmento de serviços passa pela transparência. Os investimentos são realizados com maior acuracidade quando existem direcionadores da sua efetividade.

Como muitas empresas e profissionais querem explorar as oportunidades geradas pela Inteligência Artificial sem ter a necessidade de programar os sistemas, a Coseer (https://coseer.com, acessado em 21/05/2018) desenvolveu uma solução cognitiva que permite a criação de fluxos de trabalho em linguagem natural (inglês).

As pessoas podem com a aplicação criar o fluxo, treinar a Inteligência Artificial, monitorar os resultados alcançados e fazer ajustes em tempo real conforme as suas necessidades.

É como ter um time completo trabalhando no projeto. Os ganhos de produtividade gerados pela tecnologia são tão elevados que a solução é economicamente viável para empresas iniciantes e pequenas.

A EY (http://www.ey.com/, acessado em 21/05/2018) vem usando na segunda década do século XXI a Inteligência Artificial para investigar as fraudes. Nos últimos anos a empresa de auditoria focou os seus esforços na direção da automação inteligente usando robôs. Eles são usados para eliminar as tarefas repetitivas e para recomendar decisões para os funcionários humanos.

A empresa vem investindo milhões de dólares em educação corporativa e no desenvolvimento de robôs que automatizam tanto a criação de e-mails, como a realização de tarefas repetitivas. A companhia também desenvolveu um sistema que automatiza e facilita a revisão dos contratos durante a execução dos processos de auditoria.

Este sistema elimina as atividades manuais do processo de revisão e economiza milhares de horas e dólares por ano. A atuação colaborativa dos analistas humanos com a Inteligência Artificial gerou um sistema mais rápido e preciso que o anterior (executado por analistas humanos).

As organizações que estão adotando as tecnologias de automação inteligente nos seus processos precisam definir as regras para o trabalho colaborativo. Como ficam os direitos autorais e intelectuais do treinamento da Inteligência Artificial? É uma pergunta que ainda não tem resposta. Quem é o proprietário deste perfil de

IA? O funcionário pode vender o seu trabalho como treinador da IA para outras empresas do mercado?

Uma pessoa organizada pode guardar no seu dispositivo pessoal ou nuvem todos as atividades que realizou para treinar o sistema de Inteligência Artificial. O que acontece se ela publicar este conteúdo? O funcionário sempre pode alegar que ele gerou este conhecimento.

Para empresas como a EY é preciso definir urgentemente um marco regulatório sobre o trabalho colaborativo entre os humanos e a Inteligência Artificial. Poderemos ter muitos processos jurídicos e conflitos. É um risco que o segmento de serviços não pode ignorar.

Diversas pequenas empresas de comércio eletrônico adotaram as plataformas de mídia social para as suas ações de marketing e para prover serviços aos consumidores. Estas empresas usam as redes sociais para manter os consumidores engajados com os propósitos defendidos pela empresa.

A National Parks Depot (Como um Ex-Detento Mudou a Sua Vida e Criou uma Empresa de E-commerce de Sucesso, https://pt.shopify.com/blog/34782533-como-um-ex-detento-mudou-a-sua-vida-e-criou-uma-empresa-de-e-commerce-de-sucesso, acessado em 21/05/2018) desenvolveu diversos chatbots baseados na Inteligência Artificial que iniciam automaticamente uma conversa privada com as pessoas que comentam uma determinada postagem.

Os chatbots ajudam no processo de engajamento dos consumidores, pois em determinadas situações a IA oferece um código de cupom secreto ou acesso antecipado para novos produtos. Na National Parks Depot, a adoção dos chatbots economizou centenas de horas anuais dos vendedores humanos.

Eles puderam concentrar a sua atuação nas conexões e interações mais promissoras para os objetivos do negócio. Existiu um forte aprofundamento do relacionamento.

A IA permite com custo marginal zero manter ativo um canal de comunicação com os melhores clientes. A tecnologia também permite a recuperação de clientes que tiveram uma experiência negativa no passado.

As pessoas estão cada vez mais acostumadas em conversar com os computadores. Elas esclarecem as suas dúvidas mais comuns sobre os produtos e marcas.

No entanto, é novidade para elas receberem benefícios nas conversas com os chatbots. Eles recebem em função do teor da conversa códigos promocionais ou informações que não estão disponíveis no mercado sobre um produto ou marca ou um guia de recuperação de um determinado problema ou falha.

Os clientes ficam excitados quando recebem este nível de atenção. É cada vez mais comum encontrar moradores dos Estados Unidos com a expectativa de receber um atendimento personalizado.

As empresas de comércio eletrônico precisam oferecer ferramentas de produtividade com custo marginal zero como a tecnologia de Inteligência Artificial dos chatbots para sobreviver nos mercados mais competitivos. O comércio digital faz com que o comércio local ganhe concorrentes de alta qualidade da noite para o dia. É preciso ser rápido.

A plataforma de engajamento de vendas Outreach (https://www.outreach.io/, acessado em 21/05/2018) desenvolveu um aplicativo de Inteligência Artificial que automatiza as interações com os clientes durante o processo de uma venda. Grandes varejistas como a empresa Pandora usam este sistema. O aplicativo trabalha com um livro de visitas que automatiza a comunicação com os representantes de vendas.

O sistema automatiza os processos e estabelece de forma autônoma as prioridades de atendimento considerando todos os gargalos existentes, os turnos de trabalho dos representantes de vendas e as melhores oportunidades disponíveis de negócio. A IA ordena a lista de ligações de tal forma que o trabalho dos representantes é maximizado.

Nem todos os representantes de vendas acreditaram de imediato nas recomendações da IA. No entanto, todos os que ignoraram as sugestões tiveram desempenho pior do que os que adotaram a tecnologia.

A melhor performance é consequência da liberação do tempo dos representantes para as atividades de maior valor agregado. Eles não tinham mais que gastar o seu precioso tempo para determinar qual seria a próxima ligação. O sistema faz isto para eles considerando a duração do turno de trabalho. Existiu enorme ganho de produtividade.

A empresa Mobiliya (https://www.mobiliya.com/, acessado em 21/05/2018) usa robôs humanoides na recepção da sua matriz na cidade de Dallas. Na entrada do edifício, os visitantes são recebidos pelos robôs. Os humanoides agendam reuniões, acompanham os humanos nas visitas e disparam os alarmes nas situações onde ocorre um incidente de segurança. Os funcionários foram liberados para atividades administrativas de maior valor agregado.

Diversas organizações podem incorporar esta tecnologia de Inteligência Artificial para automatizar funções de negócio que exigem vigilância intensa e permanente em tempo real. Condôminos comerciais e residenciais, agências bancárias, escolas, depósitos de mercadorias etc. podem adotar as funções de suporte básico da tecnologia de humanoides robôs para aumentar a sua produtividade.

Agentes inteligentes nos leilões e licitações

O forte crescimento da Internet viabilizou os negócios na rede. No entanto, ainda é um enorme desafio a tarefa de encontrar um produto com o preço justo. Na versão digital dos leilões e licitações, o desafio é maior ainda, pois, o prazo para tomar as decisões é um fator crítico de sucesso. O uso da tecnologia de agentes inteligentes aumenta a efetividade do papel dos vendedores, compradores, intermediários e leiloeiros. É possível com a Inteligência Artificial sair do atual "jogo estratégico" de conhecimento assimétrico e imperfeito.

Uma transação típica de compra e venda é definida através de um conjunto de processos interativos envolvendo os compradores, os vendedores e os intermediários. Os participantes desempenham papéis diferentes. É possível desmembrar uma transação de compra e venda em seis passos bem definidos.

Identificação da necessidade de compra. Identificação de uma necessidade pessoal ou empresarial que pode ser endereçada por um produto ou serviço disponível no mercado, considerando as restrições, condições de contorno e critérios de avaliação.

Identificação dos produtos e serviços. Busca de produtos e serviços que endereçam a necessidade.

Identificação dos fornecedores. Obtenção de informações sobre os fornecedores para executar e evoluir o processo de avaliação.

Negociação. Aplicação das estratégias de negociação selecionadas para a transação.

Efetivação da compra e venda. Transferência da propriedade do produto ou execução do serviço.

Avaliação. Avaliação dos processos da transação em termos do resultado (sucesso ou fracasso).

Todos os seis passos podem ser realizados sem a presença física dos participantes. As tecnologias de comunicação disponíveis na Internet permitem o estabelecimento completo do comércio eletrônico.

A grande rede reduz dramaticamente o custo das transações comerciais e facilita novos tipos de interações entre os compradores, vendedores e intermediários. Os benefícios do comércio eletrônico realizado através da Internet são compartilhados entre todos os membros da cadeia produtiva.

Os benefícios para o comprador estão relacionados com o acesso a um grande volume de informações, disponibilidade de mecanismos de busca e testes online do produto. Os benefícios para o vendedor estão relacionados com a enorme capilaridade da Internet como um canal de distribuição (capaz de alcançar uma grande quantidade de potenciais compradores) e com a redução do custo das transações. Como benefícios adicionais é possível destacar que as plataformas de comércio eletrônico estão disponíveis 24 horas por dia e a natureza interativa da Internet pode ser usada pela propaganda e marketing para chamar e reter a atenção do consumidor.

Nem tudo são rosas no comércio eletrônico. Existem espinhos também. A abundância de informações pode alongar e encarecer cada um dos seis passos de uma transação de compra e venda. Uma grande variedade de necessidades e ofertas cria um enorme leque de opções para os compradores e vendedores. Por causa da fartura de informações, é um grande desafio para usuários da Internet encontrar um produto ou serviço que enderece a sua necessidade por um preço justo.

O vendedor responsável pela transação de venda, gasta uma grande parte do seu dia nos passos de **Identificação dos produtos e serviços, Identificação dos fornecedores e Negociação.** Os agentes inteligentes estão sendo utilizados para resolver este problema. Os agentes são sistemas computacionais que ajudam os usuários na realização dos seis passos.

Eles são capazes de entender os estados possíveis de uma transação e interagir dinamicamente com o ambiente. Eles trabalham autonomamente e reagem aos novos cenários sem a intervenção humana.

Os agentes Inteligentes são aplicações que escolhem quais opções e ações realizarão com base em um processo de decisão racional. Estas características tornam os agentes inteligentes uma ferramenta tecnológica de elevada utilidade no ambiente do comércio eletrônico. Os agentes atuam no comércio digital como mediadores ou intermediários.

Eles automatizam diversas operações demandadoras de tempo que eram realizadas manualmente. Os agentes podem visitar de forma autônoma diversas plataformas de comércio eletrônico para verificar, por exemplo, os preços praticados. Como eles podem capturar rapidamente as informações de mercado, eles podem estabelecer processos de negociação de forma autônoma.

As licitações e leilões eletrônicos são um dos tipos de transações de comércio eletrônico. Um leilão ou licitação eletrônica aumenta o nível de competição entre os vendedores e compradores pela abertura da oportunidade para o mundo inteiro. Eles estão ficando cada vez mais populares.

O principal defeito da versão eletrônica é que não é possível tocar o produto real e só é possível ver o que é mostrado da mercadoria em fotos e vídeos. O processo para obter o preço justo de um produto nas licitações e leilões eletrônicos depende do desenvolvimento de um estratagema que enderece de forma correta os seguintes aspectos:

1. Identificar um ou mais leilões que ofereçam o produto desejado. Após o processo de busca é preciso fazer a matrícula nos leilões escolhidos

2. Para obter o preço justo do produto desejado é necessário estar presente e participar do leilão inteiro

3. Para conseguir o melhor acordo comercial para o produto é preciso participar de vários leilões ao mesmo tempo

4. É possível adotar a estratégia de definir uma oferta para o produto e disputar a compra contra participantes anônimos (ou não) nos vários leilões

Para endereçar estes aspectos de forma simétrica, os compradores, vendedores e intermediários ou leiloeiros usam os agentes inteligentes. Os agentes são desenvolvidos para ajudar o desempenho do seu proprietário no leilão ou licitação.

Os agentes entendem o tipo de leilão ou licitação que está sendo realizado e customizam as suas ações em função do ambiente de negócio. Em outras palavras, a estratégia de atuação do agente é consequência do comportamento dos participantes.

Leilões

O leilão é o lugar onde os produtos são oferecidos, os lances são feitos e as transações são registradas. Para ser inscrito e poder participar do leilão é preciso fornecer as informações pessoais e empresariais.

Os usuários matriculados no leilão definem o nível de privacidade que desejam. Por exemplo, um leilão pode ser realizado com total, parcial ou nenhum nível de anonimato.

O leiloeiro recebe uma lista dos produtos que serão ofertados, com as suas características, condições de venda e prazo para receber os lances. O leiloeiro anuncia o produto para os potenciais participantes e define uma data para a realização do leilão.

Em um leilão eletrônico ou presencial, os compradores competem pelo direito de comprar o produto. Os tipos de leilões são definidos em função da forma da intermediação, do formato da interação dos participantes e da forma da seleção do valor vencedor.

O leilão inglês é conhecido por ser realizado no formato de preço crescente. O leiloeiro começa o processo de receber lances revelando o preço mínimo do produto. Os participantes do leilão fazem as suas ofertas aumentando o valor oferecido até que não exista nenhum lance maior. O maior lance ganha e compra o produto.

No leilão holandês, o leiloeiro começa o processo de receber lances com o maior preço do produto. Ele vai reduzindo o preço até que um participante aceite o preço anunciado. Quando mais de uma unidade do mesmo produto é oferecida, a primeira unidade é vendida pelo valor mais alto e as outras são vendidas pelo preço mais barato.

No leilão americano, os lances são submetidos de forma confidencial. Quando os envelopes com os lances são abertos, a oferta de maior valor é a vencedora. No leilão Vickrey, a escolha do lance vencedor é realizada de forma similar ao leilão americano. No entanto, o lance vencedor paga pelo produto o valor do segundo lance mais alto. Ele não paga o valor que ofereceu.

Leilões Eletrônicos*

***A partir deste ponto do livro será adotado por causa da semelhança do conceito para as aplicações de Inteligência Artificial que a expressão leilão eletrônico se refere tanto ao leilão eletrônico como a licitação eletrônica.**

Um leilão eletrônico é um tipo de transação indireta do comércio eletrônico. O leilão aumenta tanto a competição entre os vendedores, como entre os compradores (aumento da quantidade de compradores potenciais).

Os leilões eletrônicos estão ficando cada vez mais populares. Eles têm como característica de construção a impossibilidade de o comprador manusear o produto. O consumidor do leilão eletrônico só visualiza o produto através de fotos e vídeos.

Os agentes são sistemas computacionais que ajudam os usuários na realização das suas tarefas. Eles entendem os estados possíveis de uma negociação e interagem com o ambiente.

Os agentes inteligentes trabalham de forma autônoma e são desenvolvidos para reagir aos novos cenários sem a intervenção humana. Eles são capazes de decidir quais ações devem executar com base em um processo decisório lógico e racional.

Os agentes inteligentes são uma das tecnologias que permitem que os usuários dos leilões eletrônicos participem de diversos leilões ao mesmo tempo e tomem decisões cada vez mais rápidas.

O leilão eletrônico é o lugar onde os produtos são oferecidos e os lances são apresentados e registrados. Os participantes fornecem as informações pessoais para serem matriculados.

A plataforma do leilão eletrônico exerce o papel do leiloeiro que vende os produtos. Os usuários matriculados no evento definem o nível de privacidade que eles desejam. Ou seja, o leilão pode ser realizado com participantes tendo nível de anonimato total, parcial ou nenhum.

As plataformas de leilão eletrônico recebem uma lista dos produtos que serão oferecidos, com as suas características técnicas e físicas, com as condições de venda e com o prazo para o recebimento dos lances.

Após a compilação e programação destas informações, a plataforma de leilão eletrônico divulga as ofertas dos produtos para os participantes potenciais e espera pelos lances.

Quando a plataforma recebe um lance, o mesmo é divulgado para todos os outros participantes. Quando todas as condições da venda do produto são atendidas, o leilão é finalizado e a plataforma promove (virtual ou presencial) o encontro do vendedor com o comprador. Caso todas as condições da venda do produto não sejam atendidas, a plataforma informa ao proprietário do produto que ele não foi vendido.

Caso existam dúvidas sobre o produto ou lance, elas são enviadas pela plataforma de leilão eletrônico para o participante responsável, ou seja, o canal de comunicação é indireto. O comprador conversa com o vendedor apenas no momento do fechamento do acordo. Neste momento é estabelecido um canal de comunicação direto. É muito rara a situação onde a plataforma de leilão eletrônico é responsável pelo pagamento do produto para o vendedor e pelo envio do produto para o comprador.

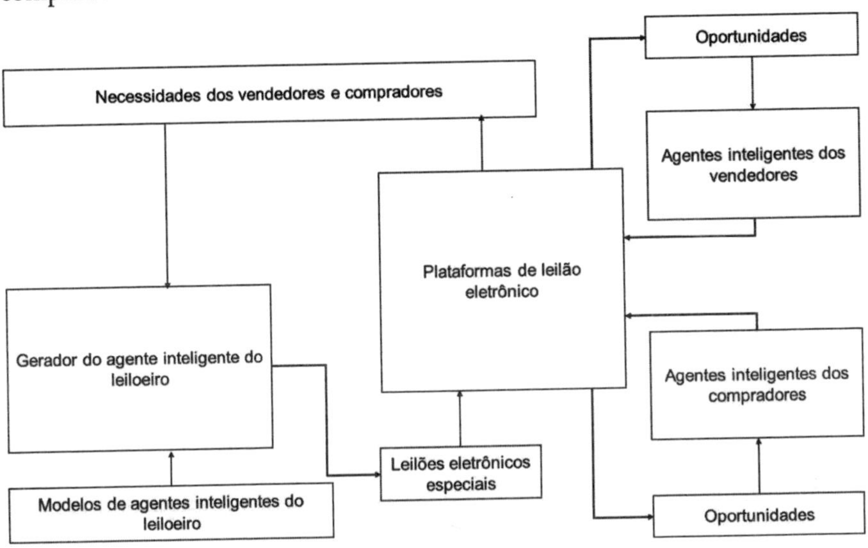

Na plataforma de leilão eletrônico, os usuários (compradores, vendedores e intermediários ou leiloeiros) configuram e programam o módulo de geração de agentes inteligentes através de parâmetros para definir tanto as suas necessidades em relação ao produto ou serviço, como o perfil esperado de comportamento. O agente exercerá o papel de ser o seu representante do usuário no leilão e na transação de compra ou venda.

Os agentes dos compradores e vendedores trabalham as ofertas existentes nos leilões eletrônicos para que as oportunidades de negócios sejam corretamente exploradas e seja estabelecido o equilíbrio entre a oferta e a procura do produto ou serviço.

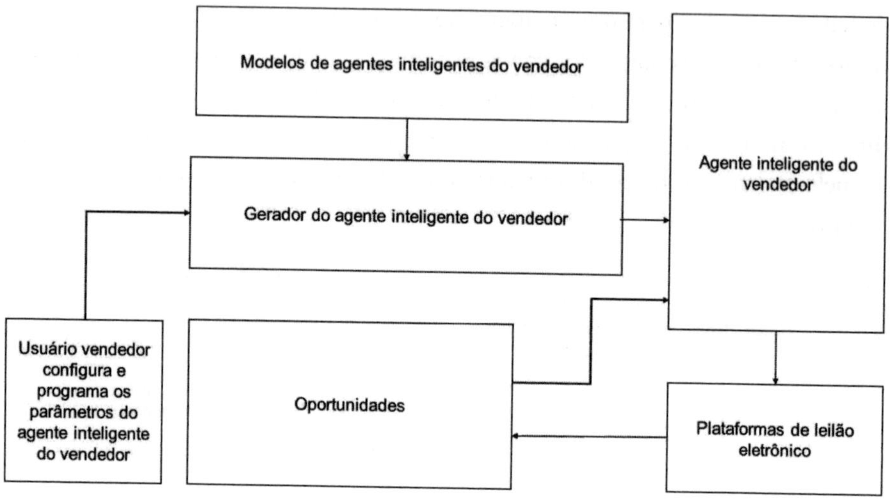

O vendedor interage com o módulo gerador do agente inteligente do vendedor para configurar os parâmetros de comportamento, por exemplo, nível de autonomia, funções de utilidade e valor esperado pela venda do produto.

O agente inteligente do vendedor é responsável pela seleção das plataformas de leilão eletrônico que ofertarão os seus produtos, pela observação (para identificar oportunidades) do processo de fazer lances do comprador e pela modificação do plano estratégico sempre que for necessário (o agente inteligente do vendedor pode decidir aceitar um lance de preço menor que o esperado incialmente quando forem raras as ofertas para o produto).

A aplicação também é responsável para fornecer as informações sobre o produto ou serviço para o leiloeiro ou plataforma de leilão eletrônico.

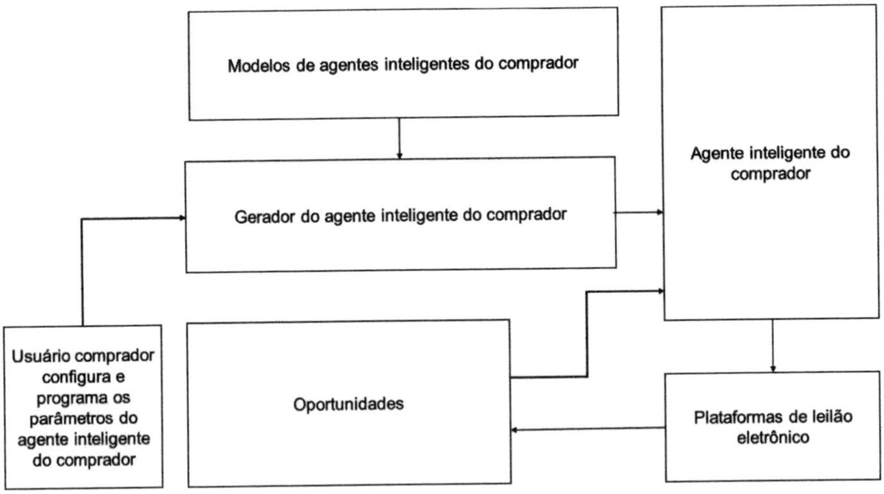

O agente inteligente do comprador tem um modelo mais complexo, pois ele é o responsável pelo processo de fazer os lances pelo produto. O agente inteligente do comprador é dotado de um mecanismo de busca e de um módulo para fazer lances pelo produto ou serviço.

O mecanismo de busca captura as especificações configuradas pelo usuário e procura por plataformas de leilões eletrônicos que estão oferecendo ou o mesmo produto ou um produto similar (também maximiza a satisfação do usuário).

O mecanismo de busca trabalha com uma função utilidade linear para representar o comportamento do usuário no seu processo de seleção e inscrição nas plataformas de leilão eletrônico.

O processo consiste na identificação de plataformas alternativas de leilão eletrônico, na eliminação das plataformas que oferecem produtos que violam as restrições especificadas pelo usuário e na avaliação das plataformas que melhor endereçam os critérios de seleção especificados pelo usuário.

Os lances são baseados na estratégia configurada no modelo do agente inteligente do comprador.

O módulo responsável pelos lances verifica a situação atual dos lances para o produto nas plataformas selecionadas de leilão eletrônico, por exemplo, o valor atual do lance, o comportamento dos lances dos compradores, o prazo final para fazer um lance e a data e horário de encerramento do leilão.

O processo automático de oferecer lances pelo produto ou serviço é baseado em um algoritmo racional, acurado e rápido. Este módulo deve ser configurado para ter um comportamento apropriado quando uma situação inesperada ocorrer.

O modelo estratégico do comportamento do agente inteligente do comprador é baseado na premissa na qual em cada interseção de escolha, o agente deve decidir ou continuar no atual estratagema ou pegar a próxima saída.

No momento das interseções, o agente inteligente do comprador precisa estar pronto ou para monitorar ou para mudar o cenário do leilão eletrônico (ou dos lances) ou para fazer uma oferta ou para modificar o plano de ação ou para adotar a postura de não fazer nada e esperar pelos próximos acontecimentos. Este processo é executado continuamente até que o agente inteligente do comprador decida fechar um acordo ou sair do leilão.

A decisão de fazer um lance é uma decisão tomada pelo agente inteligente do comprador modelada como um jogo estratégico Bayesiano (jogos onde no seu inicio, antes dos jogadores planejarem suas ações, alguns jogadores podem possuir informações sobre o jogo que os outros jogadores desconhecem) com informações imperfeitas.

Por exemplo, um leilão eletrônico com quantidade finita de participantes não permite que seja estimada à priori a quantidade de compradores. Também existe uma quantidade finita de lances, pois existe um prazo definido para a duração do processo de fazer lances.

A decisão de fazer um lance pode ser dividida em duas partes. Em primeiro lugar, o agente inteligente do comprador decide se é ainda interessante participar do leilão eletrônico. O agente avalia se o valor do último lance é menor que o valor máximo que ele pode oferecer e se ele ainda está interessado no produto que está sendo negociado.

A condição de equilíbrio proposto pela teoria dos jogos do John Forbes Nash Junior revela que o agente inteligente do comprador sempre deveria fazer um lance quando o produto ainda está em negociação.

A condição de equilíbrio da teoria dos jogos do Nash é paradoxal à primeira vista, pois se compradores não fizerem lances, o preço do produto permanece no valor mínimo e o agente inteligente do comprador endereça a condição de menor preço.

O estratagema de não fazer lances tem como contrapartida o risco de perder o produto. Qualquer participante matriculado no leilão eletrônico que fizer um lance no cenário de ausência de lances compra o produto pelo valor do seu lance.

Considerando satisfeita a condição tanto do último lance ser menor que o valor máximo que o agente inteligente do comprador pode oferecer, como do interesse no produto que está sendo negociado, os cenários possíveis para o estratagema dos agentes são:

Agente 1 e Agente 2 não fazem ofertas. Neste caso, o valor do produto não aumenta (a condição de menor preço está sendo endereçada). No entanto, sem fazer lances, o agente não é capaz de comprar o produto.

Em outras palavras, o agente não cumpre o seu objetivo de comprar o produto pelo preço justo. Por este motivo, este cenário não representa uma condição de equilíbrio da teoria dos jogos.

Agente 1 faz oferta e Agente 2 não faz lance. Neste caso o Agente 1 compra o produto pelo preço justo. No entanto, é preciso destacar que se o Agente 2 não fizer um lance ele estará agindo contra a sua programação de comprar o produto.

Como a probabilidade do Agente 2 não fazer um lance é muito baixa ou nula, este cenário não representa uma condição de equilíbrio da teoria dos jogos.

Agente 1 não faz lance e Agente 2 faz oferta. Neste caso o Agente 2 compra o produto pelo preço justo. No entanto, é preciso destacar que se o Agente 1 não fizer um lance ele estará agindo contra a sua programação de comprar o produto.

Como a probabilidade do Agente 1 não fazer um lance é muito baixa ou nula, este cenário não representa uma condição de equilíbrio da teoria dos jogos.

Agente 1 e Agente 2 fazem ofertas. Neste cenário, ocorre o estabelecimento da condição de equilíbrio da teoria dos jogos do Nash. Os dois agentes inteligentes trabalham no sentido de comprar o produto pelo menor preço possível.

Os agentes vão fazer lances até o prazo para o encerramento do leilão ou até que um lance supere o menor valor máximo para o produto (menor entre Agente 1 e 2) definido na configuração dos agentes inteligentes dos compradores.

No caso da participação no leilão de apenas dois agentes, eles farão lances até o encerramento da duração do leilão ou até que um lance supere o menor valor máximo do produto programado nos dois agentes inteligentes. Neste último caso, o agente configurando com o maior preço máximo para o produto vence a disputa.

Um leilão eletrônico com limitação de tempo receberá lances apenas durante o seu prazo de duração. Neste caso, o lance vencedor pode estar abaixo do menor preço máximo programado nos agentes inteligentes, pois o leilão foi encerrado em uma situação onde dois agentes estavam prontos para fazer novas ofertas.

Em resumo, o jogo disputado pelos dois agentes apresenta variáveis que são conhecidas por todos os participantes e variáveis que são confidenciais. No caso das variáveis confidenciais a informação tem um custo.

Por exemplo, quando um lance supera o valor máximo para o produto, o respectivo agente para de fazer lances. Neste caso, a diferença entre o valor do lance e o preço inicial representa o custo da informação. O agente vencedor descobre o valor da variável confidencial "preço máximo do produto" configurado no agente perdedor.

As variáveis conhecidas por todos os participantes são o preço inicial, o produto e suas respectivas características e os lances oferecidos. As variáveis confidenciais estão programadas no agente inteligente do comprador e são o preço máximo do produto, o valor que será usado para aumentar um lance do agente concorrente (diferença de valor entre o lance que será oferecido e o lance atual) e a estratégia de aumento dos lances (por exemplo, aumentos maiores no início ou fim de um leilão eletrônico de duração limitada).

Um leilão encerrado pelo prazo tem como característica que o vencedor é aquele que ofereceu o último e maior lance. Neste caso, o valor do lance pode ser o preço máximo do produto configurado no agente ou pode ser um valor bem menor.

O lance vencedor é resultado tanto das configurações do agente, como do plano estratégico para o aumento dos lances, como do comportamento dos outros participantes no leilão eletrônico.

As estratégias para o aumento dos lances são bastante variadas. Elas podem ser de aumento mínimo durante a maior parte do leilão e de aceleração no final ou de forte aceleração dos aumentos no início e crescimento mínimo no final. A questão chave da estratégia é o valor do preço máximo do produto do adversário.

Nos casos quando o leilão é encerrado porque o valor atual do lance é maior que o preço máximo do produto configurado no agente inteligente do adversário, a diferença entre o lance vencedor e o preço máximo representa o tamanho da perda do lance vencedor.

Se a diferença for grande, isto significa que a estratégia de aumento dos lances foi equivocada. Foi adotado um passo de aumento muito maior que necessário. Se a diferença for pequena, isto significa que o estratagema de crescimento dos lances foi correto. O degrau de aumento foi adequado e foi possível comprar o produto pelo preço justo.

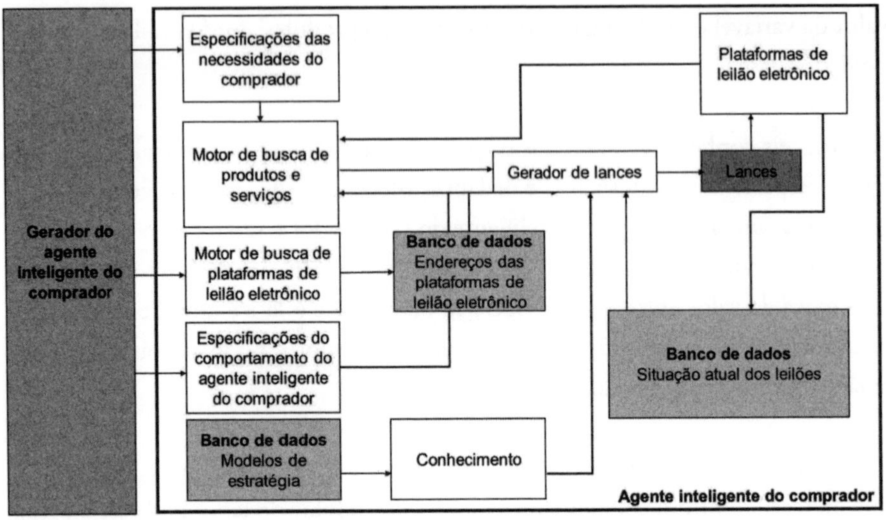

Modelo do Agente inteligente do comprador

O agente inteligente do comprador pode ser configurado para atuar entre dois extremos. Um dos lados é o agente atuando com total autonomia sem intervenção humana. O outro lado é o agente atuando com autonomia mínima, ou seja, o agente pede aprovação do usuário humano para todas as suas decisões e intervenções no leilão.

É importante destacar neste ponto que o agente inteligente do leiloeiro vai esperar o encerramento do leilão para decidir se fecha ou não o negócio qualquer que seja a configuração de autonomia do inteligente do comprador.

A possibilidade de o agente inteligente do comprador participar de vários leilões eletrônicos simultaneamente traz benefícios tanto para os compradores, como para os vendedores.

Os compradores e vendedores ganham quando o agente inteligente do comprador é configurado para participar simultaneamente de vários leilões, pois neste cenário, os compradores adquirem os produtos pelo menor preço e os vendedores negociam os seus produtos pelo maior preço.

O nível de alavancagem dos negócios nos leilões eletrônicos é maior no momento da introdução dos agentes inteligentes. Neste instante, existe uma pequena quantidade de participante do leilão eletrônico usando as aplicações de Inteligência Artificial.

As diversas vantagens competitivas dos agentes inteligentes sobre os operadores humanos permitem, neste contexto, a realização de melhores negócios de compra e venda de produtos

Os agentes inteligentes dos compradores, vendedores e leiloeiros devem ter um módulo de identificação com capacidade de comunicação com a plataforma de leilão eletrônico.

Os usuários devem registrar as suas informações de identificação pessoal no seu agente e precisam habilitar o seu agente para interagir com a plataforma de leilão eletrônico. O leilão pode ser configurado para receber lances apenas dos compradores ou dos compradores e vendedores.

O agente inteligente do vendedor deve permitir a configuração de quantos leilões simultâneos ele pode oferecer o mesmo produto. O agente inteligente do comprador deve permitir a opção de configuração de quantos leilões simultâneos do mesmo produto ele pode ser matriculado (apenas um ou vários).

De uma forma geral os agentes inteligentes do comprador, vendedor e leiloeiro precisam de pelo menos nove configurações:

1. Identificação do usuário
2. Formato da intermediação do produto
3. Formato da intermediação do vendedor
4. Estratégia de negociação
5. Condições para mudar a estratégia

6. Parâmetros de avaliação do desempenho do leilão
7. Quem pode oferecer lances (apenas o comprador ou o comprador e vendedor)
8. Quantidade mínima e máxima de vendedores do mesmo produto
9. Quantidade mínima e máxima de compradores do mesmo produto

Os parâmetros configurados devem determinam as cinco principais características dos agentes inteligentes. A característica de autonomia, representa o nível estabelecido de independência do agente em relação ao usuário humano.

A característica de proatividade, representa a capacidade do agente de pesquisar e executar ações em função dos planos e estratégias de negociação configurados.

A característica de capacidade de reação, representa a habilidade do agente receber e processar as informações enviadas por outros participantes do leilão, por exemplo, o agente decide esperar pelos lances dos outros membros do leilão para decidir qual o valor do lance ele vai oferecer. Neste caso, a ação que o agente executará é construída em função do processamento das informações recebidas.

A característica de interatividade representa tanto a capacidade do agente de pesquisar e interagir com as plataformas de leilão eletrônico para pesquisar as informações sobre os produtos que estão sendo vendidos e comprados, como a capacidade de interagir com os outros agentes.

A característica de mobilidade, representa a capacidade do agente de identificar as plataformas de leilão eletrônico e pesquisar as informações sobre os produtos que estão sendo comprados e vendidos,

O agente inteligente do comprador deve ser capaz de realizar a função de fazer o registro de forma automatizada na plataforma de leilão eletrônico usando as informações configuradas na identificação do usuário.

A segunda função que o software deve realizar é a busca e seleção do produto, ou seja, encontrar nas plataformas de leilões eletrônicos os melhores produtos disponíveis e selecionar apenas os que atendam efetivamente os critérios configurados em relação às necessidades do comprador.

A seleção dos leilões e produtos é feita pelo agente considerando tanto as restrições configuradas, como os critérios de seleção definidos pelo usuário. O usuário pode estabelecer pesos diferentes para as restrições e critérios de seleção, por isto a aplicação faz a sua avaliação considerando o conjunto completo das restrições e critérios de seleção.

A terceira função é a seleção da estratégia de negociação, ou seja, o agente deve ter a capacidade de escolher um plano de ações capaz de vencer os concorrentes usando a base de conhecimento específica deste tipo de leilão.

A aplicação usa uma função de utilidade linear cujos parâmetros variam conforme o tempo que resta para o encerramento do leilão. O software deve ser capaz de adotar estratégias diferentes nas disputas realizadas em vários leilões simultâneos.

A quarta função é a realização de lances. O agente deve ser capaz de fazer ofertas reais para os diversos produtos e de fechar os acordos de compra e venda. A quinta função é a sincronização dos leilões, ou seja, a aplicação deve ser capaz de gerenciar os diversos leilões para que o comprador obtenha o melhor resultado. O agente deve ir além de trabalhar apenas uma estratégia específica para atuar em um leilão.

O agente inteligente do vendedor deve ser capaz de realizar a função de fazer o registro de forma automatizada na plataforma de leilão eletrônico usando as informações configuradas na identificação do usuário. A segunda função que o software deve realizar é a busca e seleção de plataformas de leilão eletrônico, ou seja, encontrar os melhores leilões disponíveis que atendam efetivamente as restrições e os critérios de seleção.

Por exemplo, variedade de produtos, baixas taxas para o leiloeiro e plataforma de leilão eletrônico etc. O usuário pode estabelecer pesos diferentes para as restrições e critérios de seleção, por isto, a aplicação faz a sua avaliação considerando o conjunto completo das restrições e critérios de seleção.

A terceira função que a aplicação deve realizar é a disponibilização para as plataformas de leilão eletrônico das informações sobre os produtos, ou seja, o agente deve responder às perguntas sobre os produtos do leiloeiro ou plataforma de leilão eletrônico.

O software deve, em primeiro lugar, armazenar e organizar as informações sobre os produtos e, em segundo lugar, disponibilizar as informações solicitadas sempre que for necessário.

A quarta função é a monitoração dos leilões matriculados. A aplicação deve verificar os lances propostos e decidir se aceita ou não fechar negócio. A quinta função é a sincronização dos leilões, ou seja, o agente deve ser capaz de gerenciar os diversos leilões para que o vendedor obtenha o melhor resultado.

O software deve gerenciar todos os leilões onde os produtos estão sendo vendidos, ou seja, ele tem que ir além de uma única estratégia para um leilão específico.

O agente inteligente do leiloeiro tem como sua principal função a intermediação da comunicação entre os vários tipos de agentes durante o processamento dos lances.

A aplicação também cria leilões ou seleciona leilões existentes para os agentes dos compradores e vendedores. O software também tem a função de empacotar os produtos em grupos coerentes para atrair os compradores para realizar mais de um negócio.

Por exemplo, as pessoas que compram uma máquina de costura podem querer comprar também uma mesa de trabalho. A venda do pacote máquina com mesa pode ser mais lucrativa do que a venda individual dos dois produtos.

A segunda função da aplicação é descobrir a relação existente entre a oferta e a procura dos produtos. A terceira função do agente é visitar os agentes dos vendedores e convencê-los (conforme as estratégias configuradas pelo usuário) sobre as vantagens oferecidas pelo leiloeiro para a comercialização dos seus produtos.

Os agentes dos vendedores analisam as propostas oferecidas e decidem pela matrícula ou não no leilão. Neste momento, o agente inteligente do leiloeiro atua como se fosse o agente do vendedor, pois ele realiza a matrícula do vendedor no leilão eletrônico e tenta vender os produtos.

Após o fechamento de uma venda, a aplicação do leiloeiro retorna para o agente do vendedor, o valor fechado para a venda e estabelece um canal de comunicação entre o vendedor e comprador. O software aumenta o nível de competição entre os vendedores e entre os compradores, pois ele maximiza a visibilidade das ofertas e lances.

O comprador é beneficiado pelo agente inteligente do leiloeiro, porque ele pode comprar diversos produtos em uma única negociação. Neste caso, ele paga apenas uma vez a taxa do leiloeiro e da plataforma de leilão eletrônico. Se comprar cada produto em separado, o comprador pagará para cada um dos produtos a taxa do leiloeiro e da plataforma de leilão eletrônico.

As funções são realizadas através das facilidades codificadas nos agentes. A facilidade de identificação estabelece um mecanismo de interação tanto com o usuário, como com as plataformas de leilão eletrônico.

O usuário registra as suas informações (pessoais e empresariais) e habilita a interação contínua do software com as plataformas de leilão eletrônico.

A facilidade "busca do produto" permite a localização simultânea do produto, da empresa fornecedora e dos intermédios (se existirem). A facilidade "negociação" usa a base de conhecimento da aplicação como infraestrutura intelectual para definir o comportamento do agente inteligente do comprador ou vendedor durante o processo de fazer lances.

A estratégia para os lances tanto pode ser fixa (é definida pelo usuário e não existe realimentação dos eventos externos ao agente), como pode ser adaptativa (realimentação dos eventos modifica o comportamento da estratégia inicial definida pelo usuário) durante o processo do software de oferecer lances.

A facilidade da aplicação "fazer lances" acompanha as ofertas do produto (pode ser em diversos leilões simultâneos) que estão sendo oferecidas pelos leiloeiros e pelos demais participantes do leilão.

A facilidade "vendedor do produto" gerencia as ações de venda dos fornecedores e intermediários. Por exemplo, o agente inteligente do vendedor procura compradores interessados no produto e negocia com diversos agentes compradores simultaneamente.

O sistema pode gerenciar um leilão por vez ou vários leilões ao mesmo tempo. Neste caso, o usuário define a quantidade máxima de compradores simultâneos e o número máximo de leilões gerenciados ao mesmo tempo.

A facilidade "comprador do produto" procura vendedores que ofereçam o produto e negocia com vários agentes vendedores ao mesmo tempo. Em alguns casos, os agentes vendedores são as plataformas de leilão eletrônico.

O sistema realiza o gerenciamento global das estratégias adotadas em cada uma das negociações simultâneas. O usuário configura tanto a quantidade máxima de vendedores simultâneos, como o número máximo de leilões que serão gerenciados ao mesmo tempo.

Bibliografia

Cass A., Lee H., Lerner B., Osterwei L. "Formally defining co-ordination processes to support contract negotiation". Technical Report UM-CS-1999-039, University of Massachusetts, Amherst, MA, June 1999.

Maes P; Guttman R. & Moukas A. "Agent-Mediated Electronic Commerce: A survey" To appear, knowledge Review – Software Agent Group – MIT Media Lab June 1998.

Oliveira E. & Schaefer C. , "A Multi-Agent System for Electronic Commerce including Adaptative Strategic Behaviours" – 1999.

Osborne M. , Rubinstein A "A Course in Game Theory". – The MIT Press, Cambridge, Massachusetts, London, England. – 1994.

Tsvetovatvy M.; Gini M.; Mobasher B. & Wieckowski. "MAGMA: An Agent-Based Virtual Market for Electronic Commerce." Journal of Applied Artificial Intelligence, special issue on Intelligent Agents, Vol. 11, Nº 6, 1997.

https://www1.folha.uol.com.br/colunas/mercadoaberto/2018/03/agencias-brasileiras-repensam-uso-de-facebook-apos-polemica-sobre-dados.shtml, Errar é humano. acessado em 21/05/2018

https://www.omelhortrato.com/, oMelhorTrato.com, acessado em 21/05/2018

https://www.tensorflow.org/, TensorFlow, acessado em 21/05/2018

https://premiumretail.com/, Premium Retail Services, acessado em 21/05/2018

https://www.blackbelt.ai/, Blackbelt, acessado em 21/05/2018

https://www.allocate.ai/, Allocate acessado em 21/05/2018

https://coseer.com, Coseer, acessado em 21/05/2018

http://www.ey.com/, EY, acessado em 21/05/2018

https://pt.shopify.com/blog/34782533-como-um-ex-detento-mudou-a-sua--vida-e-criou-uma-empresa-de-e-commerce-de-sucesso, Como um Ex-detento

Mudou a sua Vida e Criou uma Empresa de E-commerce de Sucesso, acessado em 21/05/2018

https://www.outreach.io/, Outreach, acessado em 21/05/2018

https://www.mobiliya.com/, Mobiliya, acessado em 21/05/2018

IA na Segurança Nacional

O principal impacto no curto prazo da Inteligência Artificial será a automação das atividades que até o momento não podiam ser automatizadas. As forças armadas utilizarão a IA nas atividades militares e de inteligência para que elas sejam realizadas ou com poucas pessoas ou sem a participação de seres humanos.

No curtíssimo prazo os robôs autônomos serão largamente utilizados nas atividades que são perigosas para as pessoas. Os combates nas guerras são uma das mais perigosas atividades realizadas pelo homem.

Como o tamanho do mercado dos robôs comerciais e militares está crescendo dramaticamente e os preços estão caindo com enorme velocidade, isto significa que antes de 2030 será economicamente viável construir forças de ataque e defesa baseadas na Inteligência Artificial. Em outras palavras, o crescimento do uso dos sistemas de aprendizado de máquina em conjunto com a redução do preço dos robôs autônomos impactará fortemente o equilíbrio de forças no mundo. O poder de fogo bélico das nações e dos atores privados crescerá dramaticamente nos próximos dez anos com a IA.

O aumento de utilização do aprendizado de máquina em conjunto com a redução dos preços fará com que a expansão dos sistemas robóticos impacte fortemente as forças armadas. O nível de aproveitamento dos sistemas autônomos e robóticos em aplicações comerciais, empresariais e guerras está crescendo dramaticamente. Diariamente estão sendo oferecidas novas formas de uso do aprendizado de máquina para que os robôs tomem decisões autônomas com base nos dados dos sensores.

Leitura recomendada:

1. O sistema de aprendizado de máquina "DeepCube" resolveu o desafio do cubo mágico em 44 horas sem intervenção humana. Fonte: Inteligência artificial levou apenas 44 horas para virar mestre de cubo mágico (https://gizmodo.uol.com.br/ia-cubo-magico-deepcube/, acessado em 13/08/2018).

As modernas e seguras tecnologias de veículos aéreos, marítimos e terrestres autônomos estão sendo convertidas para os veículos militares. Como será possível criar veículos de todos os tamanhos, isto significa que serão também produzidos microveículos autônomos que operarão como enxames para atacar ou espionar os inimigos. O impacto dos arranjos de veículos controlados como um sistema robótico nas forças armadas será enorme.

É preciso muita clareza do impacto da outra face da moeda da popularização dos arranjos de veículos controlados como um sistema robótico. Os atores que não são nações, ou seja, setores privados também terão acesso à mesma tecnologia. Em outras palavras, o poder bélico das forças armadas deixará de ser exclusivo dos estados.

A diferença entre os diversos sistemas robóticos estará no âmbito da capacitação da Inteligência Artificial que controla o arranjo de veículos. Quem desenvolver a melhor qualidade de treinamento para a IA estará em vantagem nesta nova corrida armamentista.

A segurança cibernética será usada tanto como ferramenta de ataque como de defesa. A espionagem digital e a segurança das redes militares serão fatores determinantes das operações das forças armadas. A inteligência configurada nos dispositivos e redes será o grande diferencial. A redução do preço da tecnologia permitirá que as nações com baixo poder bélico ampliem a sua capacidade de fogo com os arranjos de veículos autônomos controlados por sistemas robóticos.

A redução de preço será tão intensa que países como a Etiópia usarão as ferramentas cibernéticas para monitorar os seus dissidentes políticos que vivem no exterior. Infelizmente, existe um lado negativo na redução de preços. Os criminosos e terroristas também poderão usar as ferramentas cibernéticas para conduzir ataques geograficamente dispersos.

No curto prazo, os avanços da Inteligência Artificial habilitarão a introdução de robôs autônomos nas guerras e acelerarão a velocidade de redução de tropas humanas nas missões de combate.

Devido aos elevados custos, o progresso tecnológico gerará no curto prazo grandes vantagens para as forças armadas das nações ricas. Os veículos aéreos não tripulados (UAVs - Unmanned Aerial Vehicles) e os veículos terrestres não tripulados (UGVs - Unmanned Ground Vehicles) já estão sendo utilizados pelos Estados Unidos nas operações no Iraque e Afeganistão.

Conforme a redução de custo destas duas tecnologias for sendo intensificada, as nações com restrições orçamentárias para as forças armadas também adotarão estas soluções. Caso a redução de custos seja muito forte, os agentes privados também terão acesso.

Leitura recomendada:

1. A redução de preço dos drones permitiu que os bandidos do Rio Janeiro monitorem os passos da polícia e facções rivais nas favelas da Serrinha e Vigário Geral. Fonte: Drones viram armas na mão de traficantes (https://oglobo.globo.com/rio/drones-viram-armas-na-mao-de-traficantes-22817333, acessado em 13/08/2018).

A organização Islamic State of Iraq and Syria (ISIS) está usando drones aéreos controlados remotamente projetados para aplicações de entretenimento nas suas operações militares. No futuro, é muito provável que eles e outros grupos terroristas usem os carros autônomos projetados para o deslocamento pacífico dos seres humanos nas suas ações de guerrilha.

Em outras palavras, o avanço tecnológico combinado com a respectiva redução de preços permitirá um aumento do poder de fogo militar de todos os agentes. Existe uma real possibilidade de mudança no equilíbrio de forças da corrida armamentista.

Os atuais limites de tamanho, peso, velocidade e autonomia de deslocamento serão superados em um cenário de mudanças similar ao que ocorreu com celulares. Existem atualmente, vários smartphones com maior capacidade de processamento do que alguns supercomputadores antigos.

A indústria automobilística acredita que estará vendendo em 2021 carros totalmente autônomos. Os primeiros modelos serão caros, grandes, pesados, lentos e com baixa autonomia de deslocamento. O histórico de evolução dos computadores, celulares etc. permite afirmar que até o ano de 2025 os veículos autônomos serão baratos, leves, pequenos, rápidos e de grande autonomia de deslocamento.

O lado negativo da redução de preço, peso e tamanho e da viabilização do modelo de negócio "carro como um serviço" será que os terroristas e estados hostis poderão usar os veículos terrestres autônomos nos seus atentados e ações militares.

A evolução da Inteligência Artificial está intimamente ligada com a observação da natureza. É muito fácil perceber que um pombo tem maior capacidade de navegabilidade aérea do que os drones atuais. O pombo possui melhores sensores, maior velocidade de processamento dos sinais capturados pelos sensores e maior eficiência energética. O conjunto cérebro, olhos e ouvidos do pombo consume menos de 1 watt de energia e proporciona maior navegabilidade e melhor sistema anticolisão do que os veículos aéreos autônomos existentes atualmente.

Como existe na natureza uma tecnologia bastante avançada de inteligência nos pombos, ratos, cachorros, gatos, gansos, mosquitos, golfinhos, árvores, plantas etc. isto significa que existe ainda um enorme gap tecnológico. No pior caso, o limite da tecnologia de Inteligência Artificial é o desempenho da natureza.

Em outras palavras, no longo prazo, o desenvolvimento de sistemas robóticos com comportamento similar às tecnologias disponíveis na natureza mudarão completamente o papel desempenhado pelas forças armadas. Existirá também um forte impacto no formato das guerras, pois os seres humanos serão capazes de desenvolver novas abordagens para as tecnologias da natureza. Por exemplo, um pombo robô pode ser dotado de visão noturna para fins de espionagem ou agressão (ele pode ser programado para disparar um dardo envenenado contra o seu alvo).

Tecnologias sofisticadas que existem na natureza em vários formatos como o radar dos morcegos ou sistema de eco localização das baleias e golfinhos podem ser combinadas nos sistemas robóticos com soluções de defesa como rede digital de telecomunicações ou sistema antiaéreo ou de agressão como explosivos e bombas disparados autonomamente.

A Inteligência Artificial em conjunto com a automação reduzirá a necessidade de seres humanos nas atividades realizadas no ambiente físico pelas forças armadas. No entanto, as atividades realizadas no ambiente digital exigirão a alocação de mais pessoas nas ações de segurança cibernética.

As ferramentas cibernéticas estão aumentando dramaticamente a produtividade dos espiões. Durante a guerra fria, algumas nações mantinham um espião para cada grupo de 160 cidadãos. Atualmente com as tecnologias digitais é possível espionar bilhões de pessoas com um time de alguns milhares de espiões. A Inteligência Artificial e o domínio cibernético permitirão um profundo aumento na capacidade de monitoração e espionagem.

A IA melhorará a defesa cibernética pela eliminação das fragilidades do sistema e evolução da automação inteligente. As aplicações de Inteligência Artificial automaticamente detectarão as vulnerabilidades do código dos softwares antes da sua publicação no ambiente de produção. O aprendizado de máquina permitirá a detecção de atividades fora do padrão normal da rede.

A defesa cibernética é um trabalho intensivo que demanda por profissionais altamente qualificados. Como este perfil de qualificação profissional é bastante raro, as soluções de Inteligência Artificial estão sendo utilizadas para habilitar novos paradigmas na defesa cibernética.

A maioria dos sistemas de defesa cibernética é baseada no conhecimento existente. Os mecanismos de defesa são otimizados para endereçar as ameaças conhecidas. Não existe proteção contra as ameaças desconhecidas nesta abordagem. A Inteligência Artificial e o aprendizado de máquina permitirão que os sistemas de defesa observem o comportamento do ciberespaço e detectem e respondam as ameaças desconhecidas.

Como sempre a evolução da tecnologia de defesa apresenta uma moeda de duas faces. Se por um lado a defesa ganha performance, por outro lado o ataque cibernético evolui.

A evolução da cibersegurança através da Inteligência Artificial elimina a barreira da raridade do perfil profissional altamente capacitado. O avanço desta tecnologia levará a fronteira da cibersegurança para o território do capital. No futuro, bastará a pose de capital suficiente para que seja possível acessar as soluções mais sofisticadas de cibersegurança baseadas na IA.

Os ataques do tipo Advanced Persistent Threat (APT) serão executados pelas ferramentas de Inteligência Artificial para descobrir permanentemente as fragilidades do sistema de defesa e esperar por um erro. Antes da IA era necessário contar com pessoas altamente qualificadas para conduzir este tipo de ataque com sucesso.

Com a Inteligência Artificial e o aprendizado de máquina a atividade de buscar por fragilidades será automatizada para um grau de sofisticação e velocidade que o sistema de defesa cibernética operado por seres humanos perde por completo a sua efetividade operacional.

O futuro da evolução da IA na cibersegurança passa pela eliminação da barreira da necessidade de contar com pessoas altamente qualificadas. A única restrição será a disponibilidade de recursos financeiros. Em outras palavras, os ataques tipo AI APT (Artificial Intelligence APT) poderão ser realizados por todos que tiverem recursos para comprar este sistema.

Quando a fronteira for deslocada do conhecimento para o capital existirá um colateral bastante perigoso. Como o custo unitário marginal para uma nova cópia de um software é praticamente zero, todos poderão ter acesso aos sistemas que realizam ataques AI APT.

O resultado será que pessoas completamente ignorantes em termos das tecnologias de segurança da Internet terão acesso a uma tremenda capacidade ofensiva de ataque cibernético.

No curto prazo, as aplicações de Inteligência Artificial para a cibersegurança vão beneficiar as nações mais ricas. No entanto, no longo prazo o equilíbrio de forças será dramaticamente modificado. O novo ponto de equilíbrio é imprevisível, pois a IA impactará de forma diferente as ações militares de ataque e defesa.

É fato reconhecido no mercado de trabalho que já existem capacitações e talentos que trabalham voluntariamente em prol dos crimes cibernéticos. Atualmente, muitas pessoas afirmam que são contra os assassinatos. Entretanto, estas pessoas vendem armas. As armas cibernéticas estão sendo desenvolvidas para serem mais autônomas e letais.

Vários engenheiros estão desenvolvendo aplicações de defesa que aparentemente são inofensivas. No entanto, estes softwares são tão letais quanto mísseis. A criação de ambientes que explorem as vulnerabilidades dos sistemas permite que sejam conduzidos ataques extremos. A engenharia é capaz de criar mecanismos onde os sistemas de defesa sejam desabilitados diante de um determinado formato de ataque.

A Inteligência Artificial está permitindo uma automação cada vez maior das operações militares. O custo da automação está caindo dramaticamente. Neste novo ambiente, o custo do desenvolvimento de pragas cibernéticas está saindo da casa de centenas ou dezenas de milhões para milhares ou centenas de dólares.

A IA está eliminando ou reduzindo a necessidade de atividades realizadas por profissionais altamente qualificados em termos de customização operacional dos ataques cibernéticos. Como o custo unitário marginal para produzir uma nova praga virtual está caindo para praticamente zero, então a quantidade de pessoas que poderão conduzir tais ataques está crescendo exponencialmente.

As soluções de Inteligência Artificial têm elevada capacidade de impactar dramaticamente os sistemas tanto das nações mais ricas do mundo, como dos estados menores, como de empresas ou indivíduos. Não é possível estimar neste momento de transição qual será o novo patamar de equilíbrio do poder de força dos sistemas de ataque e defesa. Não dá para prever neste momento como será o novo equilíbrio de forças entre as nações mais ricas e pobres. O que é possível afirmar é que existirá, em breve, um ponto de equilíbrio de forças entre as nações e as organizações privadas.

O novo ponto de equilíbrio dependerá de quanto será investido em desenvolvimento pelas partes envolvidas. Fatores como a velocidade dos processos de desenvolvimento e a capacidade de superação das limitações econômicas e tecnológicas determinarão o patamar do novo ponto de equilíbrio do poderio bélico.

Até o ano de 2030 muitas nações estarão usando veículos autônomos ou controlados remotamente nas suas missões de combate (ataque e defesa).

Como as tecnologias disruptivas tornarão obsoletas diversas plataformas militares, teremos um novo jogo de poder militar em formação. Atualmente é possível comprar um quadcopter UAV de alta qualidade por mil dólares. Forças armadas com orçamento de bilhões de dólares poderão comprar milhões destes UAVs e dominar o espaço aéreo remotamente.

Caso este nível de redução de preço seja mantido nos próximos anos, é muito provável que as forças armadas criem enxames de bilhões de drones de baixo custo para as operações de defesa e ataque. O que acontecerá com o equilíbrio de forças neste novo cenário?

A evolução da tecnologia criará drones capazes de percorrer grandes distâncias com alta velocidade controlados por IA ou remotamente. Como uma nação poderá se defender de bilhões de drones camicases carregando explosivos?

Os robôs autônomos podem ser treinados para salvar vidas e também para assassinar pessoas. Assim que a tecnologia de robôs estiver amplamente disponível para todos, os malfeitores poderão perpetrar crimes sem deixar rastros e provas. Um robô autônomo minúsculo poderá ou invadir a residência do seu alvo e envenenar o ambiente ou atirar de longa distância.

A popularização da tecnologia dos robôs autônomos permitirá que os malfeitores criem os Improvised Explosive Devices (IED) de baixo custo com alta capacidade de causar danos. Atualmente, apenas as nações mais ricas são capazes de desenvolver as tecnologias de artefatos explosivos inteligentes e precisos.

Os dispositivos Precision Guided Munition (PGM) custam atualmente milhões de dólares cada um. Caso seja desenvolvido um drone capaz de entregar com precisão e a longa distância um pacote explosivo (bomba), então o custo do PGM cairá de milhões para alguns milhares ou centenas de dólares.

O mesmo fenômeno poderá ocorrer com a popularização dos carros autônomos. Os terroristas poderão montar frotas de veículos autônomos e atacar centenas de alvos de forma simultânea.

Com a redução de custos e preços da Inteligência Artificial, o poder de fogo das forças armadas das nações perde o seu aspecto de consequência tanto do tamanho da população, como da capacidade econômica do país.

O tamanho da população masculina jovem vem sendo por muito tempo um aspecto determinante da capacidade militar de uma nação. Com a robotização inteligente, as nações com população pequena ou com maioria da população idosa terão acesso às tecnologias que permitirão construir um numeroso exército de robôs autônomos.

O governo da Coreia do Sul ao perceber o atual estágio de desenvolvimento da Inteligência Artificial resolveu investir cerca de um bilhão de dólares em pesquisa e desenvolvimento da IA. Isto significa que o país poderá construir no futuro uma grande força armada formada na maioria por robôs inteligentes.

A Internet of Things (IoT) está habilitando o desenvolvimento de sistemas digitais complexos interconectados com os equipamentos físicos. Será possível criar no curto prazo ciberarmamentos capazes de matar pessoas. A tecnologia de reconhecimento facial poderá ser utilizada para atacar alvos humanos específicos.

Carros, drones, aviões, caminhões, trens entre outros veículos autônomos poderão ser invadidos através das pragas virtuais e serem usados de forma silenciosa e invisível em ataques letais. A invasão dos sistemas digitais dos carros autônomos (ou não) poderá permitir que os terroristas controlem uma grande frota de veículos e provoquem acidentes fatais em estradas, aeroportos, portos etc.

Como a Inteligência Artificial permite conduzir ataques cibernéticos contra sistemas digitais sem a necessidade de o autor ser um especialista em tecnologia, então é claro que a evolução da tecnologia abre uma gigantesca vulnerabilidade na segurança nacional.

Infelizmente o lado negativo da redução de custos da tecnologia não para por aí. Quanto menor for o custo unitário marginal da tecnologia maior será o avanço de dispositivos físicos controlados por uma Inteligência Artificial. Em um mundo com trilhões de equipamentos comerciais IoT, existirão milhões de oportunidades de invasão. A inteligência artificial é uma entidade incansável capaz de trabalhar 24 horas durante os 365 dias do ano.

Os terroristas e nações hostis poderão usar característica da IA para mapear todas as vulnerabilidades existentes nos Smart Connected Products (SCPs) e instalar pragas que permitam o seu controle remotamente. Desta forma eles poderão utilizar a base tecnológica comprada pela população para perpetrar ataques contra ela. Poderão até mesmo conduzir ações profundas de espionagem ao dominarem celulares ou televisões inteligentes.

A primeira fronteira de defesa de uma nação serão as residências. É muito importante que a segurança digital seja desenvolvida em termos de tecnologias e hábitos em conjunto com a evolução da Inteligência Artificial.

Neste momento, muitos estão perguntando por que as forças armadas usarão armas cibernéticas se existem tantos riscos de segurança que possibilitam que elas sejam invadidas e usadas contra os seus proprietários?

A questão-chave é que a nação que abdicar da Inteligência Artificial e aprendizado de máquina estará em risco de obsolescência em relação aos seus inimigos. O sistema de defesa ficará inútil diante da grande velocidade de reação do armamento digital autônomo do atacante. O tempo de resposta dos seres humanos é muito maior que o da IA.

Por exemplo, os mísseis de defesa serão inúteis se tiverem que esperar pela aprovação do fluxo de decisão humano para serem lançados contra os alvos.

A Inteligência Artificial que executa o sistema de defesa digital precisa trabalhar de forma autônoma para poder combater os ciberataques de alta velocidade e intensidade.

Não é difícil perceber que os sistemas cibernéticos de ataque e defesa baseados na velocidade de processamento da ordem de nano segundos de uma máquina estão em grande vantagem em relação aos sistemas operados por seres humanos. Em outras palavras, as forças armadas que não adotarem sistemas de misseis defesa baseados na Inteligência Artificial estarão em grandes apuros contra agressores que usarem sistemas de ataque baseados no aprendizado de máquina.

Os sistemas autônomos tomam decisões muito mais rápidas que as pessoas que estão monitorando os sistemas de defesa e ataque. No entanto, existem espinhos na rosa da automação inteligente. Podem ocorrer interações não previstas entre os sistemas por causa da elevada velocidade das decisões. Como consequência podem ocorrer erros sistêmicos que levam a IA com grande velocidade para a situação de espiral errática e sistemas fora do controle.

Leitura recomendada:

1. O que aconteceu em 06 de maio de 2010 na bolsa de valores (FINDINGS REGARDING THE MARKET EVENTS OF MAY 6, 2010, https://www.sec.gov/news/studies/2010/marketevents-report.pdf, acessado em 13/08/2018).

2. Foi afirmado que ocorreram outras falhas nos sistemas autônomos de trading após a catástrofe de 06 de maio de 2010 (Why We Could Easily Have Another Flash Crash, https://www.forbes.com/sites/deborahljacobs/2013/08/09/why-we-could-easily-have-another-flash-crash/#5f5e4771cdd5, acessado em 13/08/2018).

Não podemos esquecer que em maio de 2010, os sistemas autônomos de trading financeiro desintegraram em poucos minutos aproximadamente um trilhão de dólares da bolsa americana por causa das interações não intencionais dos computadores. É preciso que existam sistemas de interrupção para que a cibersegurança ou as redes de veículos autônomos não entrem no modo de destruição instantânea.

Os sistemas de verificação e os processos de validação que alavancam o aprendizado de máquina ainda não estão maduros o suficiente. Os diversos casos de destruição instantânea ocorridos revelam que os sistemas autônomos operam melhor que os seres humanos na maioria dos casos, no entanto, existem situações onde falhas inesperadas ocorreram. A consequência é um erro catastrófico.

O atual estágio de desenvolvimento dos sistemas autônomos causa preocupação nas forças armadas por causa da natureza perigosa das guerras e da espionagem.

Não existem dúvidas que os pedestres e os motoristas de veículos não autônomos querem que os carros autônomos sejam seguros e que a tecnologia seja bem-sucedida. A mesma lógica vale para as forças armadas e para os operadores das bolsas de valores.

No entanto, falhas nos sistemas autônomos como a ocorrida em maio de 2010 na bolsa de valores geram forte poder argumentativo para os militares que são contra os sistemas robotizados.

É nítido que a utilização do aprendizado de máquina nos sistemas militares criará novas vulnerabilidades e novos tipos de ciberataques contra os sistemas treinados. Existem também os desafios jurídicos. Quem é o proprietário do conhecimento gerado pelo treinamento dos sistemas? O dono é o treinador ou as forças armadas?

Para que os sistemas baseados no aprendizado de máquina funcionem, é preciso que o conjunto de dados utilizado no treinamento do algoritmo seja pertinente e adequado. Dados falsos, errados, contaminados ou envenenados vão fazer com que a Inteligência Artificial gere resultados indesejados. Isto significa que um ataque contra o conjunto de dados é capaz de fazer o sistema militar trabalhar com falsos positivos e com positivos falsos.

Por causa do envenenamento dos dados do treinamento, os robôs autônomos podem reconhecer os inimigos como amigos e os amigos como inimigos. Em uma guerra tal erro é fatal. No atual nível de desenvolvimento da tecnologia, é possível realizar tal manipulação dos dados.

O crescimento do nível de autonomia dos sistemas pode fazer com que um ataque contra o conjunto de dados usando no aprendizado de máquina tenha um enorme impacto na efetividade da atuação das forças armadas de uma nação.

Entretanto, o envenenamento dos dados não é o único problema deste novo mundo. O roubo ou extravio do conjunto de dados usado no aprendizado de máquina fará com que os sistemas militares baseados na Inteligência Artificial sejam replicados. Nações inimigas podem desenvolver o mesmo poder de fogo, caso tenham acesso ao conjunto de dados utilizados no treinamento do algoritmo.

Até o momento, o roubo do projeto de um armamento não significa que o ladrão tenha a capacidade de desenvolver a arma. Existem muitas variáveis envolvidas. Existem vários casos na indústria aeronáutica de roubos de projetos de caças militares.

Leitura recomendada:

1. China stole F-35 blueprints from Lockheed, Snowden data appears to show (https://www.japantimes.co.jp/news/2015/01/19/national/china--stole-f-35-blueprints-lockheed-snowden-data-appears-show/, acessado em 13/08/2018).

No caso citado no artigo, a China não conseguiu desenvolver um caça igual ao F-35 americano porque a manufaturação aeroespacial é extremamente complexa e difícil. A China ainda não conseguiu virar um real competidor dos Estados Unidos nesta área.

No caso do aprendizado de máquina, a realidade é bem diferente. O roubo do conjunto de dados usados no treinamento da arma significa na prática o roubo do armamento no formato digital. É muito mais do que o roubo de blueprints. É possível com o conjunto de dados reproduzir o armamento com custo marginal quase zero.

Foi afirmado que o hacker group possui 75% do arsenal cibernético dos Estados Unidos e ele poderá publicar ferramentas que exploram as vulnerabilidades dos navegadores, roteadores e celulares inteligentes e também poderá comprometer as redes de dados da Rússia, China, Irã e Coreia do Norte. Fonte: "Hackers behind stolen NSA tool for WannaCry: More leaks coming" (https://www.cnet.

com/news/hackers-behind-stolen-nsa-tool-for-wannacry-more-leaks-coming/, acessado em 13/08/2018).

O ciberespaço virtual não é imune aos roubos de grande porte. Em 2017 o universo virtual foi atacado pelo ransomware WannaCry. Os hackers roubaram o acesso para as ferramentas cibernéticas do governo dos Estados Unidos e as usaram para infectar centenas de milhares de computadores ao redor do mundo. Já existem disponíveis ferramentas cibernéticas que usam a Inteligência Artificial e que são capazes de destruir os armamentos cibernéticos. Claramente existem grandes dificuldades para controlar quem tem acesso a elas.

A invasão não autorizada dos sistemas robotizados é capaz de criar grandes riscos e ameaças para as forças armadas das nações. As armas autônomas podem virar um instrumento de matança em massa, caso elas sejam invadidas e manipuladas pelos inimigos ou caso elas apresentem interações não planejadas com o ambiente ou caso ocorram erros na execução do software ou caso o hardware apresente defeitos.

Conhecimento é a Nova Arma

O futuro sinaliza guerras onde o vencedor será aquele que ganhar o controle dos sistemas inimigos. Em outras palavras, o vencedor será aquele que desenvolver redes de computadores mais inteligentes, velozes e resilientes.

O conhecimento superior como armamento militar está sendo buscado com muita ênfase pelas agências de inteligência dos Estados Unidos. Existe uma incessante busca pela evolução da análise dos dados crus.

É fácil perceber que o melhor lugar para esconder uma gota de água é no oceano. Lá existem praticamente infinitas gotas de água. Para que alguém encontre uma gota em especial esta pessoa terá que fazer um extraordinário trabalho de análise. No universo dos dados ocorre fenômeno semelhante. As diversas pesquisas revelam que a quantidade de dados dobra a cada 24 meses. Ou seja, a cada dois anos a humanidade produz a mesma quantidade de dados existente na face terrestre.

A maior parte dos novos dados produzidos não é estruturada, são dados no formato texto ou gerados pelos sensores. Os bancos de dados que armazenam estas informações não estão integrados. As agências de inteligência estão enfrentando neste momento o desafio de desenvolver ferramentas inteligentes capazes de processar consistentemente este enorme volume de informações.

Atualmente as agências estão mais concentradas na coleta deste gigantesco volume de informações. Em breve, elas terão que enfrentar o desafio de tirar conclusões e encontrar agulhas neste palheiro. Não existem dúvidas, é uma atividade muito mais difícil de ser realizada.

Muitos estão tão preocupados com a privacidade dos dados que ainda não perceberam que as agências de inteligência dos Estados Unidos coletam um volume de informações muito maior que a capacidade de análise delas. É a gota de água escondida no oceano. Uma coisa é saber onde a informação está guardada, outra coisa bem diferente é encontrar a informação desejada. No ritmo atual as agências não conseguem analisar as informações coletadas. Nem mesmo no caso delas pararem de coletar dados e passarem todo o seu resto de vida analisando os dados coletados até hoje.

A análise de dados realizada pela Inteligência Artificial está alavancando o desenvolvimento das tecnologias de aprendizado de máquina. No médio prazo será possível analisar em grande volume fotos e vídeos em um prazo muito curto. Atualmente, os analistas das agências de inteligência das nações realizam a triagem e priorização das informações coletadas antes de partir para a etapa de análise.

O processo de triagem e priorização está catapultando o desenvolvimento das tecnologias de busca de informações e dos bancos de dados. É preciso analisar um volume maior e crescente de informações.

Como existem conjuntos de informações como fotos e vídeos que exigem a atuação de analistas humanos no processo de análise, então a engenharia está viabilizando o aprendizado de máquina para auxiliar as pessoas no processo de análise.

Já existem sistemas autônomos de reconhecimento de imagem oferecidos no mercado com desempenho melhor que os seres humanos. As técnicas de aprendizado de máquina estão sendo adaptadas pelas agências de inteligência para analisar e reconhecer automaticamente as fotos tiradas pelos satélites. Este sistema poderá, no futuro, analisar diariamente cada metro quadrado do nosso planeta.

Como o aprendizado de máquina é capaz de analisar as informações não estruturadas dos sensores, estão sendo desenvolvidas aplicações capazes de avaliar os sinais inteligentes emitidos pelos robôs (Signals Intelligence - SIGINT) para criar uma inteligência eletrônica no campo de batalha (Electronic Intelligence - ELINT). As análises autônomas de aprendizado de máquina serão usadas para desvendar as informações não estruturadas do campo de batalha e criar estratégias individuais e coletivas para a atuação dos robôs autônomos. Todos os dispositivos eletrônicos atuarão de forma individual para gerar uma atuação estruturada coletiva do sistema de defesa e ataque.

A Inteligência Artificial não é utilizada apenas na análise de dados. Ela pode ser usada para criar dados também. Já existem soluções de IA para criar fotos, músicas, vídeos e textos.

As redes gerativas adversárias (Generative Adversarial Networks – GANs) são uma abordagem onde uma rede geradora cria as imagens e uma rede discriminadora avalia a autenticidade das imagens. As GANs capacitam a Inteligência Artificial para criar imagens falsas realistas, pois a aprendizagem de máquina faz com que a rede geradora estude uma grande quantidade de imagens. O resultado deste estudo é a capacidade de criar imagens falsas realistas.

No processo de aprendizagem, a rede geradora envia as imagens para a rede discriminadora. Esta rede avalia as imagens em relação à uma pessoa real e determina o nível de realidade da imagem falsa. Com o passar do tempo, este processo de aprendizagem de máquina faz com que a rede geradora aprimore a sua capacidade de criar imagens falsas realistas. O treinamento também aprimorará a capacidade da rede discriminadora de detectar imagens falsas.

Como as GANs são capazes de continuar o processo de aprendizagem, sem a intervenção humana, após o treinamento inicial supervisionado pelos humanos, então passa a existir um ciclo eterno de melhoria contínua.

Se existirem falhas nos algoritmos de Inteligência Artificial ou no treinamento inicial supervisionado pelos humanos, a rede geradora será incapaz de criar imagens falsas realistas e a rede discriminadora não entrará no ciclo de melhoria contínua.

Uma das formas de impedir que a GAN entre na armadilha da aprendizagem bloqueada é treinar a rede geradora e discriminadora de forma progressiva, ou seja, começar com imagens de baixa resolução e acrescentar camadas de pixels que introduzem detalhes em mais alta resolução.

Leitura recomendada:

1. Generative adversarial network (https://en.m.wikipedia.org/wiki/Generative_adversarial_network, acessado em 13/08/2018).

2. An introduction to Generative Adversarial Networks with code in TensorFlow (http://blog.aylien.com/introduction-generative-adversarial-networks-code-tensorflow/, acessado em 13/08/2018).

3. Demystifying Generative Adversarial Nets – GANs (https://www.datacamp.com/community/tutorials/generative-adversarial-networks, acessado em 13/08/2018).

4. VÍDEO: Cientistas usam inteligência artificial para 'colocar palavras' na boca de alguém (https://g1.globo.com/tecnologia/noticia/video-cientistas-usam-inteligencia-artificial-para-colocar-palavras-na-boca-de-alguem.ghtml, acessado em 13/08/2018).

Os desenvolvedores já criaram aplicações de IA que alteram as expressões faciais relacionadas com os movimentos da fala usando uma câmera de vídeo comercial.

Também já existem soluções que geram declarações de voz realistas criadas com base nas gravações de uma pessoa. Neste caso a Inteligência Artificial é treinada para gerar um novo conteúdo de voz a partir dos fonemas gravados. É o Photoshop de áudio

Leitura recomendada:

1. O Photoshop de áudio da Adobe permite editar e simular a fala de qualquer pessoa e acrescentar palavras que alguém nunca disse (https://tecnoblog.net/203221/adobe-project-voco-editar-fala, acessado em 13/08/2018).

Em breve teremos disponíveis no mercado aplicações de Inteligência Artificial que geram imagens falsas baseadas em um texto que as descreve. Já existem sistemas autônomos que criam conteúdos com base em dados reais da economia, esportes, eleições, pesquisas etc.

Leitura recomendada:

1. 120 artigos científicos foram criados em "gerador de lero-lero" e ninguém percebeu (http://gizmodo.uol.com.br/gerador-artigos-cientificos/, acessado em 13/08/2018).

No médio prazo será possível encontrar aplicações de aprendizagem profunda de máquina que criam uma representação tridimensional de um objeto com base em imagens bidimensionais.

Já existem soluções de IA que criam trilhas sonoras (e efeitos sonoros) para filmes mudos (Músico usa inteligência artificial para compor trilhas personalizadas, https://www1.folha.uol.com.br/ilustrada/2018/04/musico-usa-inteligencia-artificial-para-compor-trilhas-personalizadas.shtml, acessado em 13/08/2018).

Em breve todas as pessoas poderão gerar, em grande escala, vídeos, áudios e documentos falsos que parecem reais.

Apenas os olhos e ouvidos treinados poderão neste novo cenário perceber se um conteúdo é verdadeiro ou falso. A maioria das pessoas será enganada por conteúdos falsos gerados pela Inteligência Artificial. Até mesmo os analistas forenses poderão ser enganados pelo conteúdo gerado pelas ferramentas que não mais precisam dos computadores avançados dos cientistas para serem executadas.

Como dificilmente os governos conseguirão ter sucesso no bloqueio da difusão destas ferramentas no mercado e o custo marginal delas será próximo de zero, então as soluções de Computer - Generated Imagery (CGI) deixarão em breve de ser utilizadas em regime de quase exclusividade por Hollywood.

Amadores sem treinamento algum poderão produzir vídeos falsos de altíssima qualidade, ou seja, o ecossistema de informações será seriamente impactado e comprometido por conteúdos falsos que parecem verdadeiros e que na realidade foram gerados por uma Inteligência Artificial.

Leitura recomendada:

1. How CGI Changed Movies Forever (https://huffingtonpost.com.au/2016/05/12/how-cgi-changed-movies-forever_a_21358758/, acessado em 13/08/2018).

O aumento do nível de incerteza por causa da perda de confiabilidade é uma das piores consequências do crescimento da disponibilidade das aplicações de Inteligência Artificial. A difusão da capacidade de falsificar conteúdo da IA irá destruir os atuais protocolos de fé pública.

A câmera de fotografia foi inventada no começo do século XX. Ela vem sendo usada desde então para produzir de forma simples e barata evidências dos fatos e da realidade. A tecnologia disponível permite a identificação com bom nível de facilidade e precisão de fotografias falsificadas.

Atualmente, praticamente todas as pessoas do planeta podem usar o seu celular inteligente para gravar um vídeo em alta qualidade de situações que elas estão testemunhando. A maioria das pessoas é capaz de perceber se um vídeo revela uma situação verdadeira ou falsa.

O principal motivo para este elevado nível de percepção é que a produção de um vídeo de alta qualidade de uma situação falsa é extremamente cara e complexa. A indústria do cinema gasta dezenas de milhões de dólares para produzir CGIs acreditáveis. Mesmo com este volume de investimento e dedicação, muitos fãs dos filmes de aventura reclamam que as cenas parecem falsas.

Em outras palavras, até o momento quando nós assistimos uma gravação de alta qualidade sem edição revelando um crime, nós acreditamos que aquele crime realmente ocorreu (*Temer é gravado por dono da JBS em conversa sobre Cunha,* https://www1.folha.uol.com.br/poder/2017/05/1884926-audio-mostra-temer-dando-aval-a-compra-do-silencio-de-cunha-diz-jornal.shtml?mobile, acessado em 13/08/2018).

A era da confiança na fé pública do conteúdo está no final do seu ciclo de vida. A elevada confiabilidade está caminhando rapidamente para os seus últimos dias por causa da Inteligência Artificial. Estamos muito próximos do momento em que todas as pessoas do planeta poderão usar com custo baixo as poderosas ferramentas para a produção de conteúdos falsos de altíssima qualidade (CGI).

Os usuários sem qualquer tipo de treinamento poderão produzir em larga escala conteúdos falsos de alta qualidade gerados por uma Inteligência Artificial. O nível atual de confiabilidade do ecossistema de informações ficará seriamente comprometido quando deixar de ser óbvia a diferença entre um vídeo que testemunhe uma situação real e um vídeo de uma situação falsa criada em um computador.

O crescimento da disponibilidade das aplicações de Inteligência Artificial desta tecnologia irá transformar significativamente o sentido das evidências e da verdade no domínio do jornalismo, da comunicação do governo, do testemunho de crimes e da segurança nacional.

No médio e longo prazo, será possível produzir com baixo custo e ampla disponibilidade conteúdos falsificados. Em outras palavras, a credibilidade e a confiabilidade do relacionamento humano em termos dos fatos verdadeiros e das evidências será redefinida.

Esta nova ordem mundial impactará as redações de todas as mídias, as comunicações públicas e governamentais, o poder judiciário em termos de testemunhas dos crimes e a segurança nacional. Atualmente, são consideradas verdadeiras as imagens de acidentes, crimes etc. No futuro tais imagens serão fortemente questionadas.

Existirão, em breve, imensas disputas para identificar a verdade de um fato. As tecnologias de criptografia e de canais seguros de comunicação serão amplamente adotadas para provar a autenticidade das evidências. No futuro, os fatos testemunhados pelos olhos e ouvidos humanos serão desafiados por versões de vídeos criadas pela Inteligência Artificial. A validade do testemunho humano nos tribunais será fortemente comprometida nos próximos dez anos.

Em resumo, a IA poderá ser utilizada para analisar as informações disponíveis e para criar informações falsas. Não é possível definir atualmente qual será a aplicação preponderante da aprendizagem de máquina. A Inteligência Artificial pode tanto ajudar na descoberta da verdade como na geração de mentiras.

Governos tirânicos, guerrilheiros e terroristas podem explorar a ruptura tecnológica para conquistar um enorme espaço na vida das pessoas honestas. Os governos e as pessoas de bem devem ficar atentas e reagir rapidamente contra as mentiras. É preciso maior transparência pública e difusão do uso da criptografia nos canais de comunicação seguros. O uso de identificadores digitais como as chaves públicas e privadas, Self-Sovereign Identity (SSI) etc. será intensificado nas próximas décadas.

Leitura recomendada:

1. Self-sovereign identity: Why blockchain? (https://www.ibm.com/blogs/blockchain/2018/06/self-sovereign-identity-why-blockchain/, acessado em 13/08/2018).

Os guerrilheiros e terroristas poderão planejar e executar ataques sem deixar pistas. Neste cenário é evidente que as nações irão contra-atacar usando a tecnologia. Câmeras baratas com reconhecimento facial serão largamente utilizadas para monitorar as ações suspeitas. Mais ainda, robôs dotados da tecnologia de olfato dos cachorros serão usados em larga escala para detectar bombas e explosivos.

Neste ponto é bastante claro que as nações mais avançadas nas aplicações de Inteligência Artificial conquistarão grandes vantagens competitivas no processo de decisão da segurança nacional. No longo prazo, será possível fundir e integrar as informações de todos os sensores em um único banco de dados distribuído usando a tecnologia Blockchain. Este banco de dados irá suportar as decisões estratégicas.

Os conteúdos falsos criados pela Inteligência Artificial serão, em breve, utilizados pelas ditaduras na sua propaganda oficial. Nas nações onde os canais públicos de comunicação são controlados de forma monopolista pelo governo existirá o risco de o ditador de plantão produzir vídeos de alta qualidade falsos para conquistar o apoio da população.

Alguns ditadores radicais poderão criar vídeos sobre fatos falsos revelando que os seus adversários estão preparando ações hostis contra o país e conclamando a população para realizar atrocidades e ações ofensivas contra os inimigos do ditador.

Por outro lado, a oposição também poderá criar vídeos falsos para incitar a população contra o ditador. Neste caso, existe um fator atenuador. Como os canais de comunicação são controlados e censurados pelo governo, existe um maior grau de dificuldade para disseminar este conteúdo.

Leitura recomendada:

1. Há 30 anos, revolução popular levou regime fundamentalista ao poder no Irã - A revolução por fita-cassete (http://g1.globo.com/Sites/Especiais/Noticias/0,,MUL993503-16107,00-HA+ANOS+REVOLUCAO+POPULAR+LEVOU+REGIME+FUNDAMENTALISTA+AO+PODER+NO+IRA.html, acessado em 13/08/2018).

É importante destacar que na ditadura do Irã do xá Reza Pahlevi com controle rigoroso dos canais de comunicação foi possível usar a tecnologia da época (fita-cassete) para difundir as mensagens do maior opositor ao regime.

A imprensa livre dos regimes democráticos enfrentará nos próximos anos um dos seus maiores desafios. Será crescente e exponencial o crescimento do grau de dificuldade da identificação do conteúdo falsificado. Atualmente alguns tolos difundem notícias falsas para confundir os eleitores e cidadãos.

No longo prazo, a tecnologia de criação de conteúdos digitais alcançará um patamar tão elevado e realista que até mesmo as redações experientes de alta capacitação profissional e o governo terão grande dificuldade para distinguir o que é verdade e o que é conteúdo falso.

Como no futuro poderá existir um elevado fluxo de informações falsas, as melhores organizações jornalísticas terão enormes dificuldades para identificar os fatos verdadeiros e falsos e poderão publicar boatos como fatos. Elas também poderão deixar de publicar um fato real porque a redação acreditou que era falso.

As organizações modeladas na estrutura de comando e controle serão fortemente impactadas pelas ameaças da engenharia social de conteúdos falsificados. Será cada vez mais difícil saber se são verdadeiras ou não as ordens enviadas por e-mails, vídeos e áudios.

Os ataques realizados pela engenharia social contra as pessoas de uma organização poderão causar grandes danos às corporações. A perda da credibilidade e confiabilidade dos canais oficiais de comunicação gerará incertezas e inseguranças. A partir do momento que a Inteligência Artificial conseguir enviar uma ordem por telefone através do áudio falsificado da voz do presidente ou executivos, a organização perdeu a sua estrutura de comunicação interna. Ninguém saberá o que fazer diante de uma ordem. Poderemos ter faltas graves de hierarquia e até mesmo ter situações de falência operacional da organização.

O risco para a segurança nacional é enorme diante da possibilidade de uma ordem falsa para divulgar ou compartilhar informações sensíveis ou para realizar uma ação que leve as forças armadas para uma situação de vulnerabilidade.

A Inteligência Artificial pode ser usada para criar e divulgar via Internet uma versão falsa das diretivas e políticas do sistema de defesa da nação. Os opositores ao sistema político e os inimigos das forças armadas poderão criar um grande volume de evidências falsas denunciando crimes contra a população cometidos pelo governo ou crimes de guerra realizados pelos militares.

A combinação dos ataques cibernéticos com redes de robôs nas mídias sociais habilitada pela IA poderá gerar graves ameaças contra a estabilidade econômica de uma nação ou contra um regime político. No dia 23 de abril de 2013, a conta do Twitter da agência de notícias Associated Press (agência AP) foi atacada e os invasores enviaram a mensagem falsa sobre duas explosões na Casa Branca e que o Barack Obama estava ferido.

Poucos minutos após (às 13:30 no horário de Nova York), o índice Dow Jones caiu mais de 100 pontos gerando perda de aproximadamente **140 bilhões de dólares**. Depois que foi revelado que a notícia era falsa e a conta da agência AP foi invadida, o mercado se recuperou. No entanto, bilhões de dólares trocaram de mãos neste curto intervalo de tempo.

Leitura recomendada:

1. Ações 'tombam' nos EUA com falsa notícia de explosão na Casa Branca (http://g1.globo.com/economia/mercados/noticia/2013/04/indices-de-acoes-despencam-nos-eua-com-noticia-falsa-sobre-explosao.html, acessado em 13/08/2018).

2. Agência alerta sobre notícia falsa de explosão na Casa Branca (http://g1.globo.com/mundo/noticia/2013/04/agencia-alerta-sobre-noticia-falsa-de-explosao-na-casa-branca.html, acessado em 13/08/2018).

3. Foi afirmado que o dia de 07 de agosto de 2018 foi de boataria e efeito manada. O Eduardo Guimarães disse que um volume forte de movimentação na bolsa de valores com queda rápida pode indicar algum boato que corre e acaba pegando. Fonte: Bolsa descola do exterior e cai quase 1%; dólar encosta em R$ 3,77 (https://www1.folha.uol.com.br/mercado/2018/08/bolsa-descola-do-exterior-e-cai-mais-de-1-com-rumores-de-delacao.shtml, acessado em 13/08/2018).

Com as falsificações habilitadas pela Inteligência Artificial, os atacantes poderão realizar invasões muito mais devastadoras. Os Hackers poderão tomar o controle do Website da organização ou das suas contas nas mídias sociais ou dos seus Apps. Com tal controle, eles poderão publicar textos, vídeos e áudios falsos. A rede de robôs poderá usar as mídias sociais para divulgar com enorme amplitude as mensagens falsas e influenciar o comportamento de milhões de pessoas.

O que acontecerá se as contas de mídias sociais de um respeitável e influente jornalista for invadida e forem publicados textos, áudios e vídeos de evidências falsificadas de jornalistas concorrentes ou de empresas com ações nas bolsas de valores?

Quem será responsabilizado pelos danos de reputação e financeiros causados pelas informações falsas? O dono da conta? O dono da mídia social? O invasor?

Se ocorrer perda de centenas de bilhões de dólares quem terá capacidade financeira para reparar os danos? Se ocorrer perda de reputação, como ela poderá ser reparada? Como poderemos afirmar que a conta foi realmente invadida e foi publicado conteúdo falso sem a autorização do dono da conta da mídia social?

O dono da conta pode ter trabalhado em conjunto com os invasores para obter benefícios com as informações falsas e estar fingindo inocência. Quando ocorrerem tais fenômenos, nós estaremos claramente vivendo um momento de elevada desconfiança e incerteza. A grande depressão mundial do ano de 2008 foi causada pela perda de confiança das pessoas nas entidades financeiras. Dez anos depois, em 2018, ainda sentimos os efeitos desta crise de confiança no sistema financeiro. Muitas nações vivem os problemas causados pelo baixo crescimento ou pela inflação elevada ou pelo grande desemprego.

O que acontecerá se a conta invadida publicar conteúdos falsos sobre o primeiro colocado na pesquisa eleitoral na véspera da eleição?

Teremos um clima de enorme desconfiança se o vencedor for o segundo colocado. Poderemos ter enorme instabilidade política. O que acontecerá se o invasor for uma nação hostil que tem interesse na vitória de um determinado candidato?

A eleição presidencial de 2016 é cercada de enorme desconfiança por conta de influência da Rússia nas mídias sociais.

Leitura recomendada:

1. Invasão de hackers na eleição dos EUA foi 'arma perfeita' da Rússia (https://www1.folha.uol.com.br/mundo/2016/12/1841384-hackers-russos-invadiram-as-eleicoes-dos-eua-em-favor-de-trump.shtml, acessado em 13/08/2018).

1. Trump recua e reconhece ação russa nas eleições dos EUA de 2016 (https://www1.folha.uol.com.br/mundo/2018/07/trump-recua-e-reconhece-acao-russa-nas-eleicoes-dos-eua-de-2016.shtml, acessado em 13/08/2018).

Os artigos revelam que existiu interferência da Rússia nas eleições presidenciais de 2016. Foram usados robôs nas mídias sociais para influenciar o resultado. No médio prazo, a combinação entre robôs, mídias sociais e Inteligência Artificial será capaz de gerar e publicar evidências falsificadas sobre os candidatos das eleições e influenciar o seu resultado. O que acontecerá se no dia da eleição um robô distribuir via WhatsApp um vídeo falso sobre um candidato? As nações inimigas da democracia poderão usar estes recursos e colocar na casa Branca um presidente ditador?

Leitura recomendada:

1. Internautas compartilham imagens falsas nas redes sociais sobre ataques em Gaza (https://oglobo.globo.com/mundo/internautas-compartilham-imagens-falsas-nas-redes-sociais-sobre-ataques-em-gaza-13182409, acessado em 13/08/2018).

O uso das mídias sociais para difundir conteúdos falsificados não é exatamente um problema novo. Em 2014 foram compartilhadas em larga escala imagens de um ataque aéreo de Israel em Gaza. No entanto, muitas das imagens divulgadas eram fotografias do conflito entre a Síria e o Iraque.

É fácil perceber que a divulgação em larga escala de evidências falsificadas convincentes pode influenciar as bolsas de valores ou gerar conflitos. Os mercadores de armas e os exploradores de boatos poderão ganhar muito dinheiro com as evidências falsificadas. São bilhões de dólares que podem trocar de mãos com a invasão de uma conta de rede social. O estímulo econômico torna a geração de conteúdo pela Inteligência Artificial um assunto de segurança nacional.

Quais as consequências econômicas e sociais se um adversário da democracia adquirir o acesso aos documentos reais e sensíveis de uma nação através da ciberespionagem e vazar eles junto com evidências de áudio e vídeo falsificadas?

Mesmo no caso da divulgação em larga escala das negativas do governo através de evidências que revelam que os áudios e vídeos divulgados são falsos, ainda assim restarão muitas dúvidas no ar. Será muito árdua a luta do governo para derrubar o entendimento da população sobre as evidências falsificadas. Muitos gabinetes políticos cairão antes que a verdade venha à tona.

Além das implicações políticas existirão as consequências econômicas que o governo terá que enfrentar em paralelo. O êxito das iniciativas para limitar e remediar os danos na economia nacional causado pelas evidências falsificadas será bastante difícil e complexo. A credibilidade será fortemente abalada e existirão graves problemas de falso entendimento das ações governamentais.

É impossível para um banco sem computadores e sistemas competir contra um banco com computadores e sistemas. No futuro, será impossível para uma organização que não use aprendizado de máquina competir contra uma que use.

A adoção das tecnologias de Inteligência Artificial não ocorrerá porque as pessoas acham que devem estar na "crista da onda" da tecnologia. Ela ocorrerá porque as empresas não têm outra escolha. Como exemplos atuais e de curto prazo de como a IA irá aumentar a velocidade de crescimento das economias temos:

- Os sistemas robóticos autônomos realizarão pesquisas científicas. Os robôs executarão experimentos biológicos para testar, por exemplo, as hipóteses genômicas formuladas pelos cientistas humanos.

- A IBM e o Barrow Neurological Institute desenvolveram um sistema de Inteligência Artificial para buscar quais são os genes envolvidos nas doenças neurodegenerativas em milhares de artigos científicos.

- Os projetos de engenharia serão auxiliados por sistemas de IA que irão simular as condições mecânicas e identificação falhas e proporão melhorias.

Bibliografia

https://gizmodo.uol.com.br/ia-cubo-magico-deepcube/, Inteligência artificial levou apenas 44 horas para virar mestre de cubo mágico, acessado em 13/08/2018.

https://oglobo.globo.com/rio/drones-viram-armas-na-mao-de-traficantes-22817333, Drones viram armas na mão de traficantes, acessado em 13/08/2018.

https://www.sec.gov/news/studies/2010/marketevents-report.pdf, FINDINGS REGARDING THE MARKET EVENTS OF MAY 6, 2010, acessado em 13/08/2018.

https://www.forbes.com/sites/deborahljacobs/2013/08/09/why-we-could-easily-have-another-flash-crash/#5f5e4771cdd5, Why We Could Easily Have Another Flash Crash, acessado em 13/08/2018.

https://www.japantimes.co.jp/news/2015/01/19/national/china-stole-f-35-blueprints-lockheed-snowden-data-appears-show/, China stole F-35 blueprints from Lockheed, Snowden data appears to show, acessado em 13/08/2018.

https://www.cnet.com/news/hackers-behind-stolen-nsa-tool-for-wannacry-more-leaks-coming/, "Hackers behind stolen NSA tool for WannaCry: More leaks coming", acessado em 13/08/2018.

https://en.m.wikipedia.org/wiki/Generative_adversarial_network, Generative adversarial network, acessado em 13/08/2018.

http://blog.aylien.com/introduction-generative-adversarial-networks-code-tensorflow/, An introduction to Generative Adversarial Networks with code in TensorFlow, acessado em 13/08/2018.

https://www.datacamp.com/community/tutorials/generative-adversarial-networks, Demystifying Generative Adversarial Nets – GANs, acessado em 13/08/2018.

https://g1.globo.com/tecnologia/noticia/video-cientistas-usam-inteligencia-artificial-para-colocar-palavras-na-boca-de-alguem.ghtml, VÍDEO: Cientistas usam inteligência artificial para 'colocar palavras' na boca de alguém, acessado em 13/08/2018.

https://tecnoblog.net/203221/adobe-project-voco-editar-fala, O Photoshop de áudio da Adobe permite editar e simular a fala de qualquer pessoa e acrescentar palavras que alguém nunca disse, acessado em 13/08/2018.

http://gizmodo.uol.com.br/gerador-artigos-cientificos/, 120 artigos científicos foram criados em "gerador de lero-lero" e ninguém percebeu, acessado em 13/08/2018.

https://www1.folha.uol.com.br/ilustrada/2018/04/musico-usa-inteligencia-artificial-para-compor-trilhas-personalizadas.shtml, Músico usa inteligência artificial para compor trilhas personalizadas, acessado em 13/08/2018.

https://huffingtonpost.com.au/2016/05/12/how-cgi-changed-movies-forever_a_21358758/, How CGI Changed Movies Forever, acessado em 13/08/2018.

https://www1.folha.uol.com.br/poder/2017/05/1884926-audio-mostra-temer-dando-aval-a-compra-do-silencio-de-cunha-diz-jornal.shtml?mobile, Temer é gravado por dono da JBS em conversa sobre Cunha, acessado em 13/08/2018.

https://www.ibm.com/blogs/blockchain/2018/06/self-sovereign-identity-why-blockchain/, Self-sovereign identity: Why blockchain?, acessado em 13/08/2018.

http://g1.globo.com/Sites/Especiais/Noticias/0,,MUL993503-16107,00-HA+ANOS+REVOLUCAO+POPULAR+LEVOU+REGIME+FUNDAMENTALISTA+AO+PODER+NO+IRA.html, Há 30 anos, revolução popular levou regime fundamentalista ao poder no Irã - A revolução por fita-cassete, acessado em 13/08/2018.

http://g1.globo.com/economia/mercados/noticia/2013/04/indices-de-acoes-despencam-nos-eua-com-noticia-falsa-sobre-explosao.html, Ações 'tombam' nos EUA com falsa notícia de explosão na Casa Branca, acessado em 13/08/2018.

http://g1.globo.com/mundo/noticia/2013/04/agencia-alerta-sobre-noticia-falsa-de-explosao-na-casa-branca.html, Agência alerta sobre notícia falsa de explosão na Casa Branca, acessado em 13/08/2018.

https://www1.folha.uol.com.br/mercado/2018/08/bolsa-descola-do-exterior-e-cai-mais-de-1-com-rumores-de-delacao.shtml, Bolsa descola do exterior e cai quase 1%; dólar encosta em R$ 3,77, acessado em 13/08/2018.

https://www1.folha.uol.com.br/mundo/2016/12/1841384-hackers-russos-invadiram-as-eleicoes-dos-eua-em-favor-de-trump.shtml, Invasão de hackers na eleição dos EUA foi 'arma perfeita' da Rússia, acessado em 13/08/2018.

https://www1.folha.uol.com.br/mundo/2018/07/trump-recua-e-reconhece-acao-russa-nas-eleicoes-dos-eua-de-2016.shtml, Trump recua e reconhece ação russa nas eleições dos EUA de 2016, acessado em 13/08/2018.

https://oglobo.globo.com/mundo/internautas-compartilham-imagens-falsas-nas-redes-sociais-sobre-ataques-em-gaza-13182409, Internautas compartilham imagens falsas nas redes sociais sobre ataques em Gaza, acessado em 13/08/2018.

IA no mercado de trabalho

Leitura recomendada:

1. Google lança Contact Center AI (http://callcenter.inf.br/produtos/67088/google-lanca-contact-center-ai/ler.aspx, acessado em 13/08/2018).

2. Era dos robôs está chegando e vai eliminar milhões de empregos (https://www1.folha.uol.com.br/ilustrissima/2018/07/era-dos-robos-esta-chegando--e-vai-eliminar-milhoes-de-empregos.shtml, acessado em 13/08/2018).

Historicamente a automação destruiu empregos. Não existem dúvidas que a Inteligência Artificial tornará redundante diversas atividades profissionais. A grande diferença em relação aos processos anteriores é a velocidade de destruição. O trator eliminou diversos empregos na agricultura assim como os carros eliminaram os empregos dos motoristas de charretes.

É fácil perceber que estas tecnologias criaram novos empregos. Tanto o trator como os automóveis precisam de manutenção e exigem treinamento para os seus condutores. Como a velocidade destas transformações econômicas causadas pela tecnologia era baixa, existiu tempo hábil para treinar as pessoas em novas atividades profissionais e a economia absorveu os desempregados.

O real problema do desemprego causado pelas aplicações de IA está na velocidade da mudança. Ela é muito elevada. As nações precisam agir antes que os sistemas robotizados assumam as funções realizadas pelos seres humanos.

Os governos não podem ser reativos neste assunto. Eles precisam ser proativos. Os ganhos de produtividade gerados pelos sistemas autônomos são muito elevados. Eles serão capazes de reduzir drasticamente os custos empresariais.

Os consumidores terão à sua disposição produtos e serviços cada vez mais baratos. É simplesmente impossível ignorar este movimento. As empresas que não adotarem as tecnologias de Inteligência Artificial serão varridas do mapa pelas que adotarem. Não será possível proteger com leis os empregos locais. A competição contra os mercados que avançarem nas tecnologias de IA será impossível, ou seja, quem "nadar contra a maré" morrerá.

É muito provável, nas nações que não fizerem a sua lição de casa, que uma grande parte dos trabalhadores perca o seu emprego por causa da automação e da escassez de novas oportunidades. Os governos precisam entender com urgência que as novas tecnologias estão levando as economias para o cenário de redução dos empregos. Esta descrição não é uma hipótese.

Se nada for feito em termos de requalificação profissional, é possível que em 2022, um terço dos homens entre 25 e 54 anos estejam desempregados. Não existem sinais de desaceleração na tendência da tecnologia eliminar empregos de média e baixa qualificação.

Em pouco tempo, os motoristas de táxis, ônibus, caminhões e entregadores de pizza, encomendas etc. serão substituídos por robôs autônomos. É fácil perceber que no caso deste cenário virar realidade, existirão graves problemas para a estabilidade política e para a segurança nacional.

Leitura recomendada:

1. Em 1990 as três maiores montadoras de automotivas tinham valor de mercado de US$ 36 bilhões com faturamento anual de 250 bilhões de dólares e empregavam 1,2 milhão de pessoas. As três maiores empresas do Vale do Silício tinham um valor de mercado em 2014 de 1 trilhão de dólares com faturamento anual de aproximadamente 250 bilhões de dólares e empregavam

apenas cerca de 140 mil funcionários. Fonte: A realidade já é exponencial (http://cio.com.br/opiniao/2016/02/29/a-realidade-ja-e-exponencial/, acessado em 13/08/2018).

2. A probabilidade média de ter o trabalho automatizado é de 31% para quem recebe entre US$ 20 e US$ 40 por hora. Para quem recebe US$ 20 por hora a probabilidade sobe para 83%. Fonte: Robôs também deverão roubar os empregos mais bem pagos, prevê EUA (http://idgnow.com.br/ti-corporativa/2016/02/24/robos-tambem-deverao-roubar-os-empregos-mais-bem-pagos-preve-eua/, acessado em 13/08/2018).

3. O estudo "The Future of Employment: How susceptible are Jobs to Computerisation?", revelou que 47% dos atuais empregos nos Estados Unidos estão em risco. As profissões de motoristas de caminhões, táxis e ônibus, estagiários de advocacia, jornalistas, auditores, desenvolvedores de software, administradores de sistemas de computação etc. estão ameaçadas. Fonte: Quarta Revolução Industrial aniquilará milhões de empregos, inclusive o seu (http://computerworld.com.br/quarta-revolucao-industrial-aniquilara-milhoes-de-empregos-inclusive-o-seu, acessado em 13/08/2018).

4. Mais de 30% das auditorias corporativas serão realizadas por sistemas inteligentes em vez de auditores humanos. Fonte: É hora de olhar para 2025 e para os pontos de inflexão da sociedade digital (http://cio.com.br/opiniao/2016/02/15/e-hora-de-olhar-para-2025-e-para-os-pontos-de-inflexao-da-sociedade-digital/, acessado em 13/08/2018).

5. No artigo "Do We Need Doctors or Algorithms?" foi afirmado que os sistemas inteligentes e robôs substituirão 80% dos médicos americanos. O artigo "Armies of Expensive Lawyers, Replaced by Cheaper Software" disse que serão necessários menos advogados. As atividades de buscar conteúdos nos documentos e analisar casos serão feitas por algoritmos. O autor do artigo "AP's "robot journalists" are writing their own stories now" revelou que algumas reportagens financeiras foram escritas por robôs. Em breve, a depuração do código de um programa será totalmente automatizada. A Programação

por Otimização (Programming by Optimization - PbO) será no curto prazo realizada apenas pela Inteligência Artificial. Fonte: Alerta em Davos: A Quarta Revolução Industrial já chegou (http://cio.com.br/opiniao/2016/01/25/a--quarta-revolucao-industrial-ja-chegou/, acessado em 13/08/2018).

6. A otimização do uso de tecnologias e competências digitais pode injetar US$ 2 trilhões na produção econômica mundial até 2020. Fonte: Digital pode injetar US$ 2 trilhões na economia global até 2020 (http://computerworld.com.br/digital-pode-injetar-us-2-trilhoes-na-economia-global-ate-2020, acessado em 13/08/2018).

7. Jeremy Rifikin afirmou no livro "Sociedade com Custo Marginal Zero" que a venda de robôs aumentou 43% nos Estados Unidos e na Europa em 2011 (página 151), que o novo sistema automatizado vai eliminar 50 mil empregos na produção de uniformes militares, que o emprego nas fábricas era de 163 milhões de postos de trabalho em 2003 e encolherá para alguns milhões em 2040 (página 152), que existem atualmente 2,7 milhões de caminhoneiros nos Estados Unidos e que em 2040 os veículos sem motorista eliminarão grande parte destes empregos, que com o novo software de busca (e-discovery) um advogado fará com maior precisão o trabalho que era realizado por 500, que radiologistas, contadores, gerentes, designers gráficos e profissionais de marketing estão com os seus empregos ameaçados por causa dos softwares de reconhecimento de padrões, que um software compara a estrutura de uma música com as existentes e avalia o potencial dela para chegar no topo da parada e que um software avalia os roteiros de filmes para prever os sucessos de bilheteria da indústria cinematográfica.

Não é difícil perceber que a revolução dos sensores está alterando a lógica do emprego e do perfil profissional. Atividades de marketing, auditoria, saúde etc. vão ser realizadas por computadores até o ano de 2020. É evidente que vários perfis profissionais vão ser eliminados do mercado de trabalho em um prazo razoavelmente curto.

Apesar da aparência negativa, este fenômeno será positivo. Empregos ligados aos aspectos intelectuais do ser humano vão ser criados em grande quantidade. As pessoas vão poder usar intensamente as suas potencialidades nas atividades profissionais. Um exemplo bem simples desta mudança será visto com a popularização das impressoras 3D. Um designer de cadeiras vai poder oferecer o seu trabalho para o mundo todo.

Se a sua economia local está degringolando, o profissional será menos afetado. Com a Internet ele poderá exportar o seu conhecimento para outros países. Este mesmo profissional poderá formar cadeias produtivas ao se associar a um engenheiro para desenvolver cadeiras mais resistentes com design inovador.

As redes sociais vão abrir espaços para que os talentos da era do conhecimento criem estruturas virtuais para concorrer em condições de igualdade com fabricantes locais. Neste novo contexto, as lojas e os vendedores físicos não estarão condenados à extinção. Será cada vez maior a tendência de as pessoas experimentarem os produtos nas lojas físicas e comprarem nas lojas virtuais.

Um dos motivos desta tendência é o menor preço das lojas virtuais. Alguns comércios físicos estão reagindo ao oferecer a compra do produto na loja virtual e a sua entrega na loja física. Em pouco tempo, o mercado vai estabelecer um ponto de equilíbrio onde o preço na loja física será o mesmo da loja virtual. É claro que tal solução não resolve todos os problemas, pois existirá igualdade de preços apenas entre os produtos iguais de uma mesma loja virtual e presencial.

O vendedor da loja presencial que utiliza apenas o estratagema de oferecer descontos para convencer os consumidores vai perder espaço neste novo mundo. Ele vai precisar fazer mais do que um algoritmo digital e demonstrar paixão pelos produtos que vende. Muitas vezes o vendedor terá que comparar produtos semelhantes, explicar objetivamente as diferenças de preços e até mesmo falar das suas preferências pessoais com honestidade. Estes aspectos vão diferenciar os vendedores das lojas presenciais dos algoritmos das lojas físicas.

A concorrência entre as lojas dos fabricantes e as do varejo vai acontecer na comparação entre os produtos e na inteligência do vendedor. Quanto maior for a sua capacidade de escutar o seu cliente e respectivos influenciadores maior será a capacitação profissional do vendedor e o seu nível de diferenciação.

Existem pessoas que são influenciadas por amigos e parentes na decisão de compra. Muitas levam os seus influenciadores nas compras. Os algoritmos das lojas virtuais ainda não conseguem capturar estes casos, por isto, os vendedores preparados das lojas presenciais têm esta vantagem.

Na área da saúde, muitos empregos mudarão de perfil. Os algoritmos da computação cognitiva serão uma importante ferramenta para os médicos. A IA comparará milhares de casos similares em segundos e entregará um relatório navegável ao profissional de saúde. Os médicos analisarão as informações, farão comparações e gerarão hipóteses que poderão ser confirmadas ou não pelos computadores.

A interação dinâmica e amigável em diversas interfaces permitirá que o médico faça uma pesquisa complexa em alguns minutos e ofereça diagnóstico e opção de tratamento com enorme precisão. O acompanhamento em tempo real do tratamento e da evolução do paciente permitirá que o médico ajuste os procedimentos conforme as reações individuais do paciente.

O sistema de saúde aumentará o seu nível de integração com a computação cognitiva, pois o controle de estoque (medicamentos e insumos hospitalares) e de solicitações serão realizados e acompanhados em tempo real. Existirá um real e integrado controle de temperatura nos locais onde os medicamentos estão armazenados graças aos sensores da IoT.

A efetividade do sistema aumentará enormemente e os custos serão reduzidos dramaticamente. A integração dos sistemas e algoritmos na cadeia produtiva permitirá projeções preditivas da demanda futura de curto, médio e longo prazo melhorará a logística e reduzirá o tempo de permanência dos pacientes nos estabelecimentos de saúde.

A união da computação cognitiva com os sistemas de hospedagem dos hospitais e instituições similares permitirá um melhor planejamento até mesmo das emergências inesperadas. Será possível distribuir os pacientes conforme a disponibilidade em tempo real e prever rapidamente a capacidade restante de curto prazo do sistema.

A Inteligência Artificial informará aos atendentes de campo (policiais, paramédicos, bombeiros, defesa civil etc.) o melhor local para levar os acidentados em tempo real e em conformidade com o diagnóstico inicial do paciente. Tudo isto será feito para que as pessoas sejam atendidas no menor tempo possível conforme a sua necessidade. A logística de transporte das vítimas gerará intervenções nos sinais de trânsito para agilizar o deslocamento das ambulâncias.

É fácil perceber que o momento de transição que estamos vivenciando tornará várias profissões redundantes até o ano de 2020. Muitos empregos sumirão e muitas atividades que até agora eram realizadas por seres humanos serão realizadas por máquinas nos próximos dez anos. Estas projeções não devem ser motivo de desespero, pois muitos empregos novos serão criados pelas tecnologias entrantes. No entanto, estes empregos exigem um perfil diferente. É preciso estar preparado para a nova década.

Leitura recomendada:

1. O trabalho realizado pelas máquinas inteligentes pode aumentar em vez de diminuir o mercado de trabalho para o ser humano (livro: Only Humans Need Apply: Winners and Losers in the Age of Smart Machines, Thomas Hayes Davenport e Julia Kirby).

2. No domingo, dia 05/06/2016, os eleitores suíços rejeitaram a Renda de Base Incondicional (RBI) para toda a população (Suíços rejeitam projeto de renda de base incondicional, https://exame.abril.com.br/mundo/suicos-rejeitam-projeto-de-renda-de-base-incondicional/, acessado em 13/08/2018).

No novo contexto do mercado de trabalho, baseado na Inteligência artificial, é muito provável que em 2026 as pessoas trabalharão fazendo o que elas gostam. Os trabalhadores serão artistas, escritores etc. e beneficiarão a sociedade oferecendo conhecimentos que estavam aprisionados dentro da cabeça das pessoas. Um sistema de renda mínima poderá ser muito mais barato do que os atuais sistemas de aposentadoria. A riqueza gerada pela ampliação do conhecimento alavancará o sistema econômico da sociedade para um novo patamar de prosperidade.

É evidente que as escolas e estudantes também terão que se adaptar para este novo mundo. Apesar da atual aparência de elevado grau de empregabilidade futura, muitas das atividades profissionais relacionadas com o Big Data e análise analítica serão automatizadas.

Em tempo de mudança é preciso trabalhar as incertezas e explicitar que várias atividades profissionais realizadas pelos formados em ciência dos dados estão ameaçadas pelas máquinas inteligentes. Os computadores desenvolverão, em breve, modelos quantitativos mais rapidamente que os seres humanos. Serão modelos melhores e mais precisos.

É preciso ser realista com a nova formatação do mundo e do emprego. Estar na frente de batalha contra as máquinas não é uma boa escolha. Apesar da ênfase que muitos fazem para o crescimento da quantidade de programadores é preciso entender que brevemente as máquinas desenvolverão programas. Atualmente já existem softwares que são geradores de códigos como o GeneXus (http://www.genexus.com/global/inicio?pt, acessado em 13/08/2018) ou MIT App Inventor (http://appinventor.mit.edu/explore/, acessado em 13/08/2018).

O artigo "O software que escreve código, seu futuro e seu impacto nos negócios" (http://cio.com.br/tecnologia/2016/03/17/o-software-que-escreve-codigo-seu-futuro-e-seu-impacto-nos-negocios/, acessado em 13/08/2018) ilustra bem as perspectivas futuras dos geradores de códigos.

A linguagem natural chegará com força na era das máquinas inteligentes. As máquinas vão interpretar as ordens e gerar os códigos necessários. Os programadores vão precisar sair da atual zona de conforto e terão que gerar ideias. As ideias serão a nova mina de ouro. As escolas e estudantes vão ter que trabalhar na ciência das ideias e não mais na ciência dos dados.

Nem mesmo profissões tradicionais como médicos, dentistas e advogados estarão a salvo das mudanças da era das máquinas inteligentes. As incertezas para estas carreiras também são intensas. Aqueles que encontrarem os caminhos onde os seres humanos e máquinas trabalharão juntos estarão salvos das incertezas profissionais, pois esta será a estrada do aumento do trabalho.

Os profissionais com carreiras de futuro vão trabalhar em conjunto com as máquinas inteligentes. Elas vão complementar as suas atividades. Também terão carreira promissora, os profissionais que se especializam nas suas atividades com tamanha profundidade que as máquinas inteligentes não conseguirão competir contra eles.

Quem for trabalhar em conjunto com as máquinas no seu dia a dia vai ter que enxergá-las como um colega (a interação do George Jetson com o seu computador Referential Universal Differential Indexer - R.U.D.I. - no desenho The Jetsons é um excelente exemplo de como será este relacionamento). Ao enxergar a máquina inteligente como um colega de trabalho é possível identificar o que ela faz bem e o que não faz bem. Desta forma o ser humano poderá intervir sempre que necessário na execução das tarefas.

Os gerentes vão supervisionar o trabalho realizado pelas máquinas inteligentes em regime de colaboração. É preciso avaliar continuamente a performance do portfólio dos projetos, produtos e processos. É de fundamental importância a avaliação se é preciso aumentar ou diminuir o atual nível de automação. É preciso avaliar as necessidades e soluções em função dos diferentes tipos de automação disponíveis no mercado.

Também é importante a avaliação dos próximos passos do emprego pós automação, pois é preciso desenvolver, instalar, manter e comercializar os sistemas. As empresas de tecnologia contratarão milhares de pessoas para realizar estas atividades.

Os empregos para trabalhadores menos qualificados estão em decadência. O sistema educacional precisa ser ajustado para refletir as diferenças de formação. Já existe uma grande desigualdade salarial entre os formados nas universidades e os não formados. Nos próximos anos este nível de desigualdade vai ser acelerado.

Leitura recomendada:

1. Crise faz crescer diferença salarial por anos de estudo (https://g1.globo.com/economia/noticia/2018/08/11/crise-faz-crescer-diferenca-salarial-por-anos-de-estudo.ghtml, acessado em 13/08/2018).

Não deve ser ignorado que algumas profissões vocacionais que não exigem o ensino superior serão valorizadas. Por exemplo, os empregos dos técnicos de manutenção não sofrerão grandes perdas nos próximos anos. Os empregos dos humoristas, cantores, artistas plásticos etc. também não serão impactados nos próximos anos.

Isto significa que o sistema educacional precisa melhorar a orientação para as profissões vocacionais no Brasil. É importante manter a mente aberta para todas as alternativas. Não existem dúvidas, que muitos dos trabalhadores menos qualificados terão um final infeliz se não participarem de programas de requalificação.

Um exemplo importante de necessidade de requalificação são os empregos dos motoristas de ônibus, caminhões, carros de empresas, táxis etc. A maioria destes empregos será varrida do mapa com os veículos autônomos (Em 2035, 21 milhões de veículos autônomos vão estar nas ruas, http://idgnow.com.br/ti-pessoal/2016/06/08/em-2035-21-milhoes-de-veiculos-autonomos-vao-estar-nas-ruas/, acessado em 13/08/2018).

São milhões de pessoas que precisam ser urgentemente requalificadas. O desenvolvimento dos veículos autônomos no mundo está ocorrendo a plena velocidade. Estas pessoas precisarão de um novo sistema educacional para serem requalificadas.

O currículo escolar básico precisa mostrar para os estudantes de todas as idades os impactos que as máquinas inteligentes estão causando nos empregos. Este assunto deve ser tratado com especial consideração nas faculdades. Ainda não chegou às faculdades de direito do Brasil o ensino do e-discovery ou código preditivo ou outras tecnologias digitais.

Estes temas já fazem parte do dia a dia dos advogados, mas não são mencionados na maioria das faculdades de direito. Temos um caso muito similar em termos de ignorar as tecnologias inteligentes nas faculdades de engenharia e arquitetura. A indústria da construção civil brasileira vem perdendo diversos degraus na escala da competitividade por causa do BIM (Building Information Modeling ou Building Information Model) ter sido ignorado no currículo básico das escolas de engenharia e arquitetura.

O artigo "Baixa produtividade da construção compromete remuneração do trabalho" (http://www.fiesp.com.br/observatoriodaconstrucao/noticias/baixa-produtividade-da-construcao-compromete-remuneracao-do-trabalho/, acessado em 13/08/2018) revelou o tamanho da perda da competitividade da indústria construção civil brasileira nos últimos anos.

Os profissionais jovens ou experientes devem ter o direito de fazer as escolhas com plena consciência das suas opções. Eles precisam conhecer quais são as condições reais dos papéis que eles vão desempenhar nas empresas para trabalhar em regime de colaboração com computadores. Caso os profissionais prefiram trabalhar sem a colaboração das máquinas inteligentes é preciso que eles conheçam quais são as possibilidades viáveis que estão disponíveis no mercado.

O sistema educacional deve encorajar permanentemente as pessoas para que elas persigam as suas paixões. As mensagens das escolas para os estudantes precisam revelar com toda a clareza que existem atividades em que o desempenho dos computadores é superior ao dos seres humanos, ou seja, não é conveniente desenvolver uma carreira profissional nestas atividades.

O conhecimento deve pautar a agenda educacional, por isto, mesmo diante de um cenário onde em menos de dez anos os geradores de códigos estarão extremamente evoluídos é importante que os alunos entendam o funcionamento dos computadores e da lógica de programação.

Leitura recomendada:

1. O kit de programação Harry Potter da Kano apresentará às crianças linguagens de programação como JavaScript, que tem utilidade no mundo real e moderno do design web e do desenvolvimento de software (Kit do Harry Potter ensinará crianças a programar usando varinha mágica, https://tecnologia.uol.com.br/noticias/bloomberg/2018/08/08/kit-do-harry-potter-ensinara-criancas-a-programar-usando-varinha-magica.htm, acessado em 13/08/2018).

Para quem vive na sociedade ocidental é importante aprender línguas orientais como o Chinês e o Japonês. No entanto, este conhecimento não pode ser visto como um fim nele mesmo. Aprender uma língua deve significar aprender uma cultura. A maioria dos profissionais pós 2020 vão precisar de conhecimentos em estatística, línguas e culturas.

Nem todas as pessoas vão escrever algoritmos, alguns vão escrever músicas, outros roteiros de comédias, filmes e assim sucessivamente. No entanto, o uso da estatística e dos algoritmos para medir o que deu certo ou não vai ser uma constante para várias categorias profissionais.

O momento da transição entre o modelo atual e o das máquinas inteligentes precisa ser bem planejado e acordado com os trabalhadores. É preciso definir com clareza os papéis que os seres humanos desempenharão nas oportunidades de automação para que a criatividade seja encorajada.

Se a conversa for em termos de cortes e demissões por conta das máquinas inteligentes, os trabalhadores vão criar resistências e medos e as melhores oportunidades serão perdidas. É evidente que o objetivo da empreitada é reduzir o custo unitário dos itens produzidos. Esta meta pode ser alcançada com o aumento da produtividade.

Atualmente, já existem posições relacionadas com a área de automação e cognição. São exemplos de novas profissões para onde os profissionais pré-máquinas inteligentes podem ser deslocados. Nunca devemos esquecer que as decisões tomadas pelas máquinas inteligentes precisam ser avaliadas pelos seres humanos em termos de desempenho.

Os computadores não alcançarão uma performance ótima sem a intervenção humana. Em outras palavras, milhões de empregos vão surgir por conta da análise cognitiva. Os trabalhadores serão treinados para assumirem estas posições. Máquinas erram e falham. Será papel dos seres humanos a realização das correções.

Na área da saúde, os profissionais vão desempenhar o papel de supervisor das tecnologias automatizadas. O papel dos médicos anestesistas não será eliminado, no entanto, eles terão que supervisionar várias salas de cirurgia totalmente monitoradas que são operadas por máquinas. O médico anestesista desempenhará o papel de diretor de produção de uma espécie de fábrica de anestesiamento operada por robôs. Este cenário será realidade em diversas outras áreas da medicina.

Os médicos clínicos gerais terão mais capacitações. Eles poderão, por exemplo, acessar o conhecimento do melhor psicólogo através de um software cognitivo. Eles vão poder interpretar a imagem de um exame de radiologia e analisar a lesão apresentada com auxílio da inteligência cognitiva de uma máquina. Com base no exame, o médico clínico geral vai poder indicar a probabilidade de a lesão ser um tumor canceroso e recomendar a realização de uma biópsia.

Atualmente, apenas os médicos especialistas têm capacidade para fazer este tipo de avaliação. De uma forma ou outra, a medicina vai experimentar com as máquinas inteligentes uma mudança na atual direção de necessidade crescente de especialização. A tecnologia vai nivelar o conhecimento médico no âmbito da clínica geral e vai mudar o patamar para os especialistas. Os novos especialistas ou superespecialistas vão ocupar um espaço mais abrangente e profundo que eles ocupam atualmente. Por exemplo, um radiologista vai ser um radiologista intervencionista onde ele vai exercer o papel de radiologista e cirurgião.

É evidente que a tecnologia não pode assumir todos os papéis humanos e deixar o ser humano dependente da confiabilidade dos softwares. É importante que os sistemas sejam desligados em algum momento para que as pessoas saibam trabalhar sem os computadores.

As máquinas inteligentes devem colaborar com os seres humanos e não os substituírem. De uma forma ou outra, os sistemas operacionais das máquinas vão carregar valores éticos e morais dos seus desenvolvedores, especialmente quando as aplicações de inteligência cognitiva estiverem sendo executadas. Isto significa que os computadores não conseguirão responder de forma inequívoca às questões dúbias.

A tradução disto é que para alguns, as máquinas vão parecer gentis, para outros, elas parecerão intrometidas e, para outros, elas parecerão egocêntricas. As máquinas vão, por exemplo, insistir para que os humanos trabalhem na visão dela do mundo (mais precisamente na visão do mundo dos seus desenvolvedores). Elas vão aprender e ficar mais inteligentes dentro dos parâmetros definidos pelos desenvolvedores. Ou seja, de uma forma ou outra, alguns poucos desenvolvedores vão estabelecer para a sociedade o comportamento das máquinas.

Pode ser um futuro brilhante para a humanidade, como também pode ser uma ameaça enorme para as pessoas e empregos. É preciso ter consciência que a inteligência cognitiva vai tirar a característica de neutralidade na utilização das máquinas pelos seres humanos.

Leitura recomendada:

1. De acordo com um relatório da BBC, a probabilidade de que o trabalho de um contador se automatize é de 95%. Então, como será o futuro da contabilidade? (Você aceitaria conselhos de uma máquina?, http://cio.com.br/tecnologia/2016/06/22/voce-aceitaria-conselhos-de-uma-maquina/, acessado em 13/08/2018).

2. (i) 47% de todas as ocupações existentes correm o risco de se tornar posições redundantes, (ii) Possivelmente, em 2020, existirá excedente mundial de 90 milhões de trabalhadores pouco qualificados e déficit de 85 milhões de trabalhadores altamente qualificados, (iii) Mais de 500 milhões de novos postos de trabalho serão criados até 2020, (iv) Robôs, máquinas inteligentes e sistemas de machine learning substituirão 16% dos trabalhadores norte-americanos e (v) 13,9 milhões de novos postos de trabalho serão criados nos Estados Unidos por causa de tecnologias inteligentes dentro de um intervalo de nove anos (Máquinas inteligentes absorverão 7% dos empregos humanos até 2025, diz Forrester, http://cio.com.br/noticias/2016/06/24/maquinas-inteligentes-absorverao-7-dos-empregos-humanos-ate-2025-diz-forrester/, acessado em 13/08/2018).

A plataforma de computação cognitiva da IBM, o Watson, reduzirá o tempo que os analistas de dados passam "triturando" números. Isso significa que esses profissionais deverão ter mais tempo para focar em tarefas de maior valor, como interpretar resultados.

Os empregos de suporte e apoio para a administração e gerenciamento operacional serão aqueles destruídos mais rapidamente pela Inteligência artificial. A maior parte da eliminação destas funções ocorrerá entre 2016 e 2020.

Os vendedores e equipes de apoio e suporte também serão substituídos por computadores nos próximos anos. As atividades que trabalham as bases de conhecimento e pensamento criativo (por exemplo, matemáticos, estáticos, físicos, analistas financeiros e de negócios, gerentes operacionais etc.) não serão atingidas com relevância.

A Inteligência Artificial é a execução de um modelo da realidade em um ou mais computadores. O processamento do sistema ocorre dentro das restrições das suas condições de contorno. Em outras palavras, o modelo da IA não é necessariamente formado por todas as variáveis da natureza que influenciam o resultado. Em alguns casos, o protótipo é formado por uma quantidade menor de variáveis que a realidade e em outros casos as variáveis são assumidas como constantes adimensionais.

O modelo pode ser estático com uma base de conhecimento controlada como um sistema especialista ou pode ser dinâmico com uma base de conhecimento controlada (computação cognitiva) ou com uma base de conhecimento cumulativa (computação com aprendizado profundo). Em todos os casos, a inteligência gerada é limitada pelas condições de contorno do protótipo.

A computação com aprendizado profundo permite, por exemplo, que o médico interaja com o computador e busque a melhor e mais recente opção disponível de tratamento personalizado para o câncer do seu paciente. Como a base de conhecimento é cumulativa, a Inteligência Artificial vai ser alimentada com as novidades que surgem todos os dias.

Não é obrigatório, neste caso, que o tratamento escolhido tenha alta probabilidade de sucesso. O resultado desta pesquisa será tratamentos mais recentes e promissores e tratamentos mais recentes que foram realizados em alguns poucos pacientes.

No caso da base de dados controlada, as informações disponíveis vão tratar de casos que os especialistas consideraram relevantes. Neste caso, o médico vai interagir com a Inteligência Artificial para encontrar o tratamento com maior probabilidade de sucesso entre os tratamentos selecionados. Não é obrigatório que seja o mais recente.

É evidente que a gigantesca quantidade de informações que estão disponíveis nos dois casos é melhor explorada com a Inteligência Artificial. Os médicos não têm condições de lembrar, de memória, todas as alternativas disponíveis. Em geral eles vão lembrar dos tratamentos mais recentes e a melhor resposta para o caso particular de um paciente pode ser um tratamento antigo que foi pouco utilizado. Esta é a grande virtude da IA. Ela é capaz de manipular com sucesso uma quantidade de informações bem maior que o ser humano. Ela não entra para substituir. Ela complementa o trabalho do ser humano.

É fácil perceber neste momento, que os empregos mais ameaçados pela Quarta Revolução Industrial (QRI) são os de baixo nível de atividade intelectual. Estes trabalhadores serão substituídos pelas máquinas mais cedo ou mais tarde. O grande desafio do treinamento dos profissionais que ficaram redundantes no processo evolutivo é o aprendizado de como pensar.

Até o momento são raros os educadores que conseguem ensinar como pensar. O livro Gamification em Help Desk e Service Desk do Roberto Cohen (http://www.gamificationhelpdesk.com.br/, acessado em 13/08/2018) é um dos raros títulos em português cujo foco é ensinar como pensar.

No TED Ideas worth spreading (https://www.ted.com/, acessado em 13/08/2018) foi publicado um vídeo de um professor de uma escola infantil que criou uma metodologia interessante para ensinar a pensar. O professor propõe que os seus alunos respondam uma única pergunta.

Ele escolhe um assunto de alguma complexidade e faz a pergunta em uma língua diferente da conhecida pelos alunos. Os estudantes da classe podem se organizar em um único grupo ou grupos menores ou individualmente para responder a pergunta. O professor vai embora da classe sem dar nenhuma explicação adicional.

No vídeo, os alunos encontram um caminho espetacular para responder à pergunta. Eles usaram o tradutor da empresa Google para traduzir a pergunta para a língua deles. Após a tradução, eles usaram a ferramenta de busca da mesma empresa para encontrar a resposta da pergunta. Este professor realizou a proeza de ensinar a pensar. Os alunos encontraram por conta própria uma metodologia para resolver um problema desconhecido por eles. É uma lição de valor inestimável.

É claro, neste caso, que a qualidade da resposta dos alunos está relacionada com a Inteligência Artificial do algoritmo tradutor. Uma boa tradução leva os alunos na direção de uma boa resposta e uma tradução defeituosa restringe a resposta. O caso revela como as pessoas vão trabalhar em regime de colaboração com a IA nas próximas décadas. O saber pensar da era do conhecimento suplanta o decorar da terceira revolução industrial.

Leitura recomendada:

1. Foi revelado que a maioria dos erros ocorreu nas perguntas que exigiam maior capacidade de raciocínio lógico do que a memorização de fórmulas sofisticadas. Fonte: Enem: o que as questões de matemática 'mais difíceis' dizem sobre a educação no Brasil (https://educacao.uol.com.br/noticias/bbc/2018/07/30/enem-o-que-as-questoes-de-matematica-mais-dificeis-dizem-sobre-a-educacao-no-brasil.htm, acessado em 13/08/2018).

Não devemos, portanto, imaginar que no atual estágio da Inteligência Artificial, um computador vai acordar inspirado e escrever um poema ou uma sinfonia. Ele só vai desempenhar as funções previstas no modelo. No momento, é muito baixa a probabilidade de que a tecnologia de IA supere as barreiras e limites das condições de contorno do protótipo. O cenário onde um computador responde por conta própria com mentiras ou conta espontaneamente piadas está muito distante do atual estágio de desenvolvimento da Inteligência Artificial.

Isto significa que atributos como empatia ou criatividade estão longe da realidade da IA. Tem gente que confunde modelos que simulam estas características em condições restritas com a criação destes atributos. São coisas bem diferentes. Para que o cachorro abane o rabo para o seu "pappy ou mammy", o dono vai ter que trabalhar muito para conquistar o afeto do seu bichinho de estimação.

Um cão robô pode ser programado para abanar o rabo toda vez que ver o dono. São situações bem diferentes. No primeiro caso o cachorro escolheu abanar o rabo e no segundo um programa obrigou o cão robô abanar o rabo. O grau de satisfação e felicidade do dono é muito maior quando o pet escolheu abanar o rabo para ele.

Considerando as limitações da Inteligência Artificial é preciso encontrar os caminhos para que ela jogue a favor do time do emprego. É preciso trabalhar com afinco as profissões de vocações. Por exemplo, existe o jardineiro convencional que apenas poda e rega as plantas e que fatalmente será substituído por um robô e existe o jardineiro vocacional que tem senso artístico diferenciado e transforma o jardim em uma obra de arte viva que não será substituído por um robô.

As máquinas inteligentes realizarão o trabalho do jardineiro convencional com maior eficiência e eficácia. O emprego do jardineiro vocacional não será ameaçado pela QRI. Ele realiza a sua vocação artística nos jardins. Ele expressa a sua inteligência e conhecimento e transforma um gramado em uma obra de arte viva.

De forma similar, vamos facilmente encontrar outros empregos vocacionais que não serão ameaçados pela QRI nas próximas décadas. Os cuidadores vocacionados de idosos e de animais de estimação são exemplos claros de profissões que estão em rota exponencial de ascensão. Se um gato ou cachorro abanar o rabo para um cuidador é ele que o dono vai escolher para tomar conta do seu pet enquanto ele estiver ausente.

Estou falando de profissionais com tanta vocação para a sua atividade que eles têm prazer em aprender mais e evoluir. No instante em que a minha gata miou pedindo que o cuidador desse a ração dela na mão dele eu tive a certeza de que ele é o cara. Não importa se é mais caro do que outros. É evidente que a minha gata nunca iria miar para que um robô cuidador desse a ração dela na mão dele.

Dentre as profissionais vocacionais que não estão ameaçadas pelas máquinas inteligentes estão os humoristas, contadores de histórias, escritores, compositores etc. São pessoas que fazem o seu trabalho com sentimento, energia e prazer.

São artistas que têm enorme talento para pintar, escrever, cuidar etc. Eu sei que existem robôs que escrevem roteiros de filmes ou músicas ou piadas. No entanto, é preciso entender que o resultado é uma variação de um ou mais temas que fazem parte do modelo. Ou seja, não dá para falar para um robô programado para escrever piadas sobre gatos que escreva uma piada sobre um marciano.

O portal "Will Robots Take My Job?" (https://willrobotstakemyjob.com/, acessado em 13/08/2018) calcula a probabilidade de um emprego ser ocupado por um robô. É bastante claro que a evolução da tecnologia de Inteligência Artificial vai mudar os nossos comportamentos profissionais. No entanto, todos os que apreenderem a pensar vão ser desejados por muitas empresas.

Todas estas mudanças significam que é preciso agir agora para evitar a obsolescência do trabalho do ser humano. As políticas públicas precisam levar para o cenário onde os trabalhadores passam por ciclos contínuos de qualificação para que a automação não cause impactos sociais devastadores.

No caso das nações que falharem na sua missão de qualificar continuamente os trabalhadores, a Inteligência Artificial vai levar para uma situação de desemprego permanente, ou seja, estes países terão que enfrentar a doença dos recursos. Neste cenário aumentará fortemente a concentração do capital produtivo e crescerá sobremaneira a instabilidade do ambiente político e econômico.

Leitura recomendada:

1. Doença holandesa - Dutch disease (https://pt.m.wikipedia.org/wiki/Doença_holandesa, acessado em 13/08/2018).

O problema da doença dos recursos é similar à doença holandesa. No caso da Dutch disease, a exportação de recursos naturais levou o setor manufatureiro ao declínio. Um estudo do desenvolvimento dos países entre 1960 e 1990 revelou que a renda per capita das nações pobres em recursos naturais cresceu duas ou três vezes mais do que a renda per capita dos países com recursos naturais abundantes.

Os pesquisadores comprovaram que a concentração da economia em indústrias extrativistas aumenta a desigualdade social e piora a governança. É fácil perceber este fenômeno na indústria da mineração. Ela é um setor que exige capital intensivo e gera poucos empregos. Estas duas características fazem com que a indústria extrativista gere benefícios apenas para algumas poucas pessoas.

Como existe alta concentração dos benefícios gerados, então cresce sobremaneira o risco de corrupção entre os agentes privados e públicos. Os impostos gerados pela indústria extrativista constituem a maior parte das receitas que o governo usa para melhorar a infraestrutura e os serviços.

Este modelo de geração de riqueza muda a relação das forças políticas do país. Isto ocorre porque a concentração da riqueza e geração de impostos aumenta o poder de barganha dos poucos beneficiários da indústria extrativista. É um cenário onde o risco de corrupção aumenta fortemente e enfraquece o poder das instituições públicas.

A força de barganha da indústria extrativista faz com que ela seja capaz de estabelecer políticas imperativas e alocar as receitas dos impostos em projetos do seu interesse. Como os impostos são limitados, os objetivos de longo prazo da economia são negligenciados e o país passa a ter uma velocidade de crescimento da sua riqueza muito menor.

Uma outra consequência negativa da doença dos recursos é que o aumento da desigualdade leva ao aumento dos conflitos políticos e civis. A concentração da riqueza nacional em poucas mãos encoraja o conflito entre os que controlam os recursos e os que querem promover um crescimento sustentável da economia nacional.

O sucesso dos setores que exportam recursos naturais prejudicam as outras indústrias. O crescimento da demanda por recursos naturais de outros países gera uma forte pressão para a apreciação do câmbio. A valorização da moeda local aumenta, em relação ao dólar, os custos de outros setores exportadores como a agricultura e a indústria. O mercado interno também é afetado pela valorização cambial. Os produtos importados ficam mais baratos e ganham espaço em relação à produção doméstica.

Existem, claramente, semelhanças entre a doença holandesa e a doença dos recursos causada pela Inteligência Artificial. É importante destacar que existem grandes diferenças operacionais em relação à elasticidade da produção. No caso da doença holandesa (gás natural, petróleo etc.), é praticamente nula a elasticidade da produção e do consumo dos recursos naturais, ou seja, as mudanças no preço resultam em baixo impacto na produção e no consumo.

No caso do desemprego estrutural em larga escala gerado pela IA, a produção e o consumo tem um forte relacionamento de causa e efeito devido a inexistência de renda pelos trabalhadores desempregados. Sem renda os trabalhadores não poderão comprar os produtos.

No caso de os produtos serem destinados apenas ao mercado de exportação também existirão fortes impactos. Os conflitos e confrontos civis e sociais causados pelo desemprego no país exportador inibem tanto o fluxo operacional dos portos e aeroportos, como o desejo de realizar negócios pelos países importadores, ou seja, serão erguidas barreiras operacionais e comerciais e a demanda global destes produtos sofrerá forte retração.

Resumindo: a consequência do crescimento da produção baseada na Inteligência Artificial e geradora de desemprego estrutural em massa é no primeiro momento o agravamento das desigualdades e conflito distributivo e no segundo momento a redução da demanda.

O mecanismo de funcionamento da doença dos recursos induzido pela automação é visto quando a posse e propriedade do capital de automação dos setores de manufatura e serviços estão concentrados nas mãos de uma elite e os trabalhadores destes setores têm baixo poder de barganha.

No começo da primeira revolução industrial, a produtividade do capital e do trabalho cresceu dramaticamente. No entanto, os salários dos trabalhadores não acompanharam este crescimento e os donos do capital foram os grandes beneficiados com o aumento da produtividade.

Como consequência, os trabalhadores passaram a se organizar em grupos chamados sindicatos para ganhar poder de barganha econômico através de greves e político através de participação na definição das leis trabalhistas.

Uma economia contaminada com a doença dos recursos induzida pela automação gerará uma sociedade que reagirá ao poder da elite da mesma forma que os trabalhadores reagiram contra os capitalistas na primeira revolução industrial. Para evitar os conflitos políticos e sociais, muitas nações estão estudando um imposto sobre a utilização de robôs para financiar um programa de renda mínima.

Leitura recomendada:

1. Por causa de robôs, ideia de renda básica universal ganha mais adeptos (https://www1.folha.uol.com.br/ilustrissima/2018/02/por-causa-de-robos-ideia-de-renda-basica-universal-ganha-mais-adeptos.shtml, acessado em 13/08/2018).

Bibliografia

Cohen R., "Gamification em Help Desk e Service Desk", Editora: NOVATEC, 2017 (http://www.gamificationhelpdesk.com.br/, acessado em 13/08/2018).

Rifkin J., "Sociedade com Custo Marginal Zero". Editora: M.Books, 2015.

Davenport T. H., Kirby J., "Only Humans Need Apply: Winners and Losers in the Age of Smart Machines". Editora: Harper Business, 2016.

http://callcenter.inf.br/produtos/67088/google-lanca-contact-center-ai/ler.aspx, Google lança Contact Center AI, acessado em 13/08/2018.

https://www1.folha.uol.com.br/ilustrissima/2018/07/era-dos-robos-esta-chegando-e-vai-eliminar-milhoes-de-empregos.shtml, Era dos robôs está chegando e vai eliminar milhões de empregos, acessado em 13/08/2018.

http://cio.com.br/opiniao/2016/02/29/a-realidade-ja-e-exponencial/, A realidade já é exponencial, acessado em 13/08/2018.

http://idgnow.com.br/ti-corporativa/2016/02/24/robos-tambem-deverao-roubar-os-empregos-mais-bem-pagos-preve-eua/, Robôs também deverão roubar os empregos mais bem pagos, prevê EUA, acessado em 13/08/2018.

http://computerworld.com.br/quarta-revolucao-industrial-aniquilara-milhoes-de-empregos-inclusive-o-seu, Quarta Revolução Industrial aniquilará milhões de empregos, inclusive o seu. acessado em 13/08/2018.

http://cio.com.br/opiniao/2016/02/15/e-hora-de-olhar-para-2025-e-para-os-pontos-de-inflexao-da-sociedade-digital/, É hora de olhar para 2025 e para os pontos de inflexão da sociedade digital, acessado em 13/08/2018.

http://cio.com.br/opiniao/2016/01/25/a-quarta-revolucao-industrial-ja-chegou/, Alerta em Davos: A Quarta Revolução Industrial já chegou, acessado em 13/08/2018.

http://computerworld.com.br/digital-pode-injetar-us-2-trilhoes-na-economia-global-ate-2020, Digital pode injetar US$ 2 trilhões na economia global até 2020, acessado em 13/08/2018.

https://exame.abril.com.br/mundo/suicos-rejeitam-projeto-de-renda-de-base-incondicional/, Suíços rejeitam projeto de renda de base incondicional, acessado em 13/08/2018.

http://www.genexus.com/global/inicio?pt, GeneXus, acessado em 13/08/2018.

http://appinventor.mit.edu/explore/, MIT App Inventor. acessado em 13/08/2018.

http://cio.com.br/tecnologia/2016/03/17/o-software-que-escreve-codigo-seu-futuro-e-seu-impacto-nos-negocios/, O software que escreve código, seu futuro e seu impacto nos negócios, acessado em 13/08/2018.

https://g1.globo.com/economia/noticia/2018/08/11/crise-faz-crescer-diferenca-salarial-por-anos-de-estudo.ghtml, Crise faz crescer diferença salarial por anos de estudo, acessado em acessado em 13/08/2018.

http://idgnow.com.br/ti-pessoal/2016/06/08/em-2035-21-milhoes-de-veiculos-autonomos-vao-estar-nas-ruas/, Em 2035, 21 milhões de veículos autônomos vão estar nas ruas, acessado em 13/08/2018.

http://www.fiesp.com.br/observatoriodaconstrucao/noticias/baixa-produtividade-da-construcao-compromete-remuneracao-do-trabalho/, Baixa produtividade da construção compromete remuneração do trabalho, acessado em 13/08/2018.

https://tecnologia.uol.com.br/noticias/bloomberg/2018/08/08/kit-do-harry-potter-ensinara-criancas-a-programar-usando-varinha-magica.htm, Kit do Harry Potter ensinará crianças a programar usando varinha mágica, acessado em 13/08/2018.

http://cio.com.br/tecnologia/2016/06/22/voce-aceitaria-conselhos-de-uma-maquina/, Você aceitaria conselhos de uma máquina?, acessado em 13/08/2018.

http://cio.com.br/noticias/2016/06/24/maquinas-inteligentes-absorverao-7-dos--empregos-humanos-ate-2025-diz-forrester/, Máquinas inteligentes absorverão 7% dos empregos humanos até 2025, diz Forrester, acessado em 13/08/2018.

https://www.ted.com/, TED Ideas worth spreading, acessado em 13/08/2018.

https://educacao.uol.com.br/noticias/bbc/2018/07/30/enem-o-que-as-questoes-de-matematica-mais-dificeis-dizem-sobre-a-educacao-no-brasil.htm, Enem: o que as questões de matemática 'mais difíceis' dizem sobre a educação no Brasil, acessado em 13/08/2018.

https://willrobotstakemyjob.com/, Will Robots Take My Job?", acessado em 13/08/2018.

https://pt.m.wikipedia.org/wiki/Doença_holandesa, Doença holandesa - Dutch disease, acessado em 13/08/2018).

https://www1.folha.uol.com.br/ilustrissima/2018/02/por-causa-de-robos-ideia--de-renda-basica-universal-ganha-mais-adeptos.shtml, Por causa de robôs, ideia de renda básica universal ganha mais adeptos, acessado em 13/08/2018.

IA na transformação digital

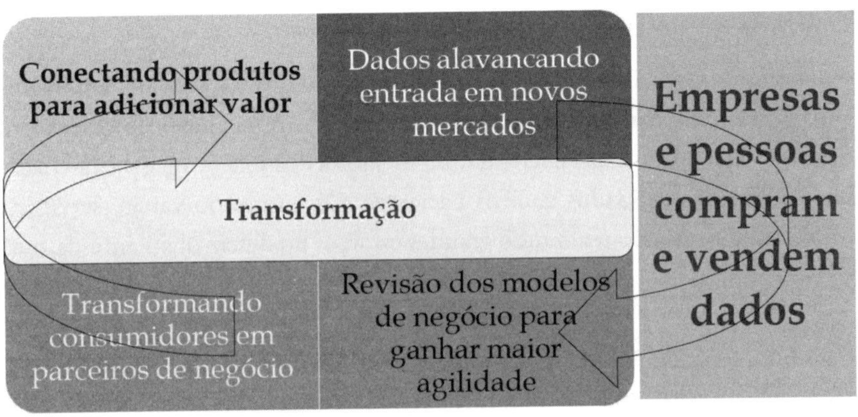

Apesar dos esforços em muitas áreas para modelar a mente, os cientistas estão longe de criar uma máquina que possa competir com ela. Discordo de quem diz que em 20 anos teremos máquinas tão inteligentes quanto pessoas. Acho que isto mostra uma falta de compreensão da complexidade da inteligência humana. Dr. Pierre-Yves Oudeyer, Ph.D. degree in artificial intelligence from the University Paris VI, France

Inteligência aumentada, realidade virtual, conversação em linguagem natural com as máquinas, aprendizagem de máquina e veículos autônomos são alguns dos exemplos mais comuns das tecnologias de Inteligência Artificial. A maior parte das novidades atuais da indústria estão relacionadas com a IA. As oportunidades geradas pela Inteligência Artificial dominam todas as conversas sobre o futuro das corporações.

As inovações tecnológicas estão gerando um forte impacto positivo na produtividade do investimento de capital, na operação empresarial e nas atividades realizadas pela mão de obra. A consequência do aumento da produtividade é o crescimento do interesse empresarial pelo assunto inteligência aumentada.

Em 2035, a taxa anual do crescimento econômico poderá ser o dobro da taxa atual por causa das aplicações de IA. A produtividade do trabalho poderá ser 40% maior que o nível atual. Atualmente, os setores de transporte e automotivos estão concentrando a maior parte dos esforços realizados com Inteligência Artificial.

No entanto, a partir do ano de 2020 a maior parte dos esforços de desenvolvimento da IA estará concentrada no setor de saúde. A IA irá ajudar no desenvolvimento de tratamentos mais eficientes, na melhoria dos diagnósticos e na criação de novas drogas e cuidados com os pacientes. Os setores do varejo, serviços e energia também estarão realizando grandes esforços no desenvolvimento da Inteligência Artificial.

No mundo, os acidentes de trânsito nas estradas matam 1,25 milhões de pessoas por ano, geram entre 20 e 50 milhões de feridos, custam mais de US$ 0,5 trilhão e poderão ser a quinta maior causa de mortes em 2030. As tecnologias de evitação de colisões dos veículos já estão reduzindo a taxa de acidentes. Quando a taxa de utilização de carros autônomos alcançar massa crítica, as taxas de acidentes vão despencar.

Os impactos desta transformação na indústria de seguros são imprevisíveis. É bastante claro que a confiabilidade da Inteligência Artificial irá ganhar papel de destaque. Com os carros autônomos e sistemas anticolisão, o comportamento do motorista perderá relevância para a indústria de seguros. Os seguros serão classificados conforme o fabricante do carro, o projetista do software, o fabricante da IA, o desenvolvedor dos mapas, as empresas que desenvolveram os sensores instalados nas estradas e veículos, os operadores do sistema, os passageiros e o perfil do proprietário do veículo.

Nos Estados Unidos, o transporte de cargas por caminhões custa cerca de US$ 700 bilhões por anos. Os caminhoneiros representam cerca de US$ 240 bilhões. Em função do tamanho do mercado é provável que os caminhões autônomos virem realidade antes dos carros autônomos.

A indústria do varejo está usando a Inteligência Artificial nos canais de comunicação com os clientes para entender com profundidade o comportamento do consumidor e para aumentar as vendas. A IA também está sendo adotada nos sistemas da cadeia produtiva para otimizar a sua performance. Nas lojas físicas, os assistentes digitais de IA permitem a identificação automática da opção ideal para o pedido e entrega da mercadoria para o cliente. Ao endereçar a necessidade do consumidor em termos da entrega dos produtos, existe um crescimento da satisfação dos clientes.

No Japão, as lojas do varejo de eletrodoméstico contam com mil robôs Pepper para ajudar os consumidores na escolha da máquina de café Nespresso. O Japão está testando os robôs para que eles sejam a mão de obra que servem os visitantes estrangeiros nos Jogos Olímpicos de 2020.

O volume de dados produzido pelas organizações de saúde vem crescendo exponencialmente. O grande direcionador deste crescimento foi o desenvolvimento do sistema de digitalização das informações clínicas através da: (i) implantação dos registos médicos eletrônicos (RMEs), (ii) geração de grande quantidade de dados em tempo real pelos dispositivos médicos conectados, (iii) custo reduzido do acesso às informações sobre o genoma e (iv) riqueza de informações disponíveis na internet.

Estas informações estão alimentando as novas tecnologias analíticas como o big data, computação cognitiva e aprendizagem de máquina para melhorar a entrega dos tratamentos do câncer, personalizar as intervenções médicas, prever o comportamento das doenças crônicas e direcionar as mudanças de comportamento.

Os resultados dos exames médicos de imagens representam aproximadamente 90% de todos os dados médicos. As ferramentas cognitivas da Inteligência Artificial trabalham em camadas e fazem a revisão, sumarização e suporte médico dos dados. As aplicações de IA das salas de emergências são capazes de avaliar as imagens dos registros históricos do paciente e diagnosticar através de evidências relevantes se já existiu uma obstrução no fluxo sanguíneo ou sangramento no cérebro do paciente.

A qualidade do trabalho dos médicos crescerá geometricamente, por causa do crescimento exponencial tanto da velocidade da análise dos exames de imagem, como da exatidão das conclusões. As aplicações em nuvem permitirão a eliminação das causas mais comuns dos erros dos exames médicos de imagem. Será possível segmentar uma determinada lesão e rastrear a sua trajetória.

Foi afirmado que a produtividade nos escritórios aumentou fortemente desde os anos 1970s. Fonte: 'Technology leads to 84pc increase in office productivity', https://www.telegraph.co.uk/technology/news/10396263/Technology-leads-to-84pc-increase-in-office-productivity.html, acessado em 10/10/2018.

A Inteligência Artificial oferece uma infinidade de oportunidades para que os seres humanos aumentem as suas habilidades para 'fazer', 'pensar', 'aprender' e 'sentir'. A automação das atividades rotineiras proporcionada pela IA libera os seres humanos para focar o seu tempo na resolução dos problemas mais complexos. Estas inovações digitais estão melhorando a produtividade dos escritórios (até 2020 é esperado um crescimento de 22%, ou seja, 2,5% ao ano) e está reduzida a quantidade de horas para completar um trabalho (4% ao ano até 2019 segundo o Gartner).

O ROSS é a primeira inteligência artificial contratada como um advogado pela empresa Bakerhostetler. Ele trabalhará no setor de práticas de falência que conta atualmente com 50 advogados humanos. O ROSS foi desenvolvido em cima da plataforma de computação cognitiva da IBM (Watson) para: (i) ler e entender a linguagem dos processos, (ii) desenvolver hipóteses quando for questionado, (iii) realizar pesquisas e (iv) gerar respostas com referências e citações que embasam as suas conclusões. O ROSS também aprende com a experiência.

Ele ganha velocidade e conhecimento conforme o volume de interações dos advogados com ele. Ele também monitora permanentemente os litígios, demandas e disputas atuais e comunica os colegas advogados sobre as decisões recentes dos tribunais e cortes que podem afetar os seus casos (Meet Ross, the World's First Robot Lawyer, http://fortune.com/2016/05/12/robot-lawyer/, acessado em 10/10/2018).

A integração inteligência das tecnologias predictivas com o projeto das cidades inteligentes permite uma sensível melhoria na segurança pública e na indústria do turismo (Digital Transformation of Industries: Aviation, travel and tourism, http://reports.weforum.org/digital-transformation/wp-content/blogs.dir/94/mp/files/pages/files/wef-dti-aviation-travel-and-tourism-white-paper.pdf, acessado em 10/10/2018). É evidente que existem enormes desafios quando o assunto é segurança pública.

A cidade-Estado de Cingapura que instalou uma grande quantidade de sensores e câmeras para monitorar o espaço público vem enfrentando questionamentos no programa de nação inteligente, pois existe o risco de ser criado um ambiente de vigilância das massas onde os direitos individuais de privacidade deixam de existir. É preciso ir além das tecnologias e garantir que a Inteligência Artificial seja dotada de protocolos que claramente definam o que é interesse público e o que é vigilância. Será um dos maiores desafios de Cingapura.

A Inteligência Artificial reduziu, pela metade, o tempo para trazer os novos remédios contra o câncer para o mercado. Atualmente, um novo remédio exige entre 12 e 14 anos de trabalho e investimento de cerca de 3 bilhões de dólares. A IA impacta tanto o prazo como o custo. É possível reduzir os números pela metade. A grande diferença é a quantidade de pessoas que podem se beneficiar do novo remédio. Com prazo de 14 anos para chegar ao mercado, o remédio pode beneficiar 10 mil pessoas. Com prazo de 7 anos para chegar ao mercado, o remédio pode beneficiar 10 milhões de pessoas. Apesar dos claros benefícios, existem diversas perguntas que ainda precisam ser respondidas sobre a Inteligência Artificial:

- Desemprego. No momento em que os computadores realizarem as atividades econômicas mais simples, como os seres humanos serão treinados e deslocados para exercer os papéis criados pelas tecnologias?

- Desigualdade. Como será distribuída a riqueza gerada pelas máquinas?

- Humanidade. Como as interações com as máquinas afetarão o comportamento humano?

- Erros e falhas. Como os seres humanos serão protegidos contra os erros e falhas da IA?

- Comportamento preconceituoso. Como evitar, eliminar e corrigir os comportamentos preconceituosos da IA?

- Segurança. Como manter a IA longe das mãos dos inimigos?

- Comportamento inesperado. Como proteger os seres humanos contra as consequências de atos involuntários?

- Controle. Como manter o controle total sobre sistemas inteligentes complexos?

- Direitos dos robôs. Como criar e gerenciar os direitos dos robôs?

É fácil perceber nas perguntas que ainda não foram adequadamente respondidas que a Inteligência Artificial pode aumentar significativamente a produtividade da economia e melhorar a qualidade de vida das pessoas. No entanto, é bastante claro que o desenvolvimento está repleto de riscos. A IA precisa ser conduzida com enorme responsabilidade.

Como as tecnologias de impressão 3D, IA, veículos autônomos, análise big data das informações geradas pela internet das coisas e dispositivos conectados e armazenados nas nuvens e robôs e drones são capazes de mudar o destino da humanidade, as empresas Facebook, Amazon, Alphabet, IBM e Microsoft firmaram, em

2016, uma parceria para pesquisar e promover melhores práticas sobre o desenvolvimento da Inteligência Artificial.

A parceria é um exemplo de autorregulação e ela terá uma estrutura formal de comunicação. Todos os membros estão fortemente comprometidos em manter as pessoas informadas sobre os desenvolvimentos mais recentes das pesquisas sobre IA. A parceria será expandida para incluir as organizações sem fins lucrativos, especialistas em ética e ativistas para acomodar no grupo diversas fontes de conhecimentos humanos.

A Inteligência Artificial pode ser definida como os sistemas e as aplicações de informações que sentem as condições ambientais, compreendem o que está acontecendo e atuam nos sistemas físicos e virtuais para conquistar os objetivos planejados.

Os principais benefícios da IA são: (i) custo baixo para serviços, (ii) melhoria da qualidade e previsibilidade da entrega dos serviços, (iii) aumento da capacidade do sistema educacional, (iv) melhoria dos tratamentos médicos e (v) melhor e mais rápida tomada de decisões de negócio (as decisões são tomadas com volume de informações muito maior).

O desenvolvimento da Inteligência Artificial é um campo de atuação muito rico e com ampla diversidade de conhecimento. O grande valor dos sistemas vem da compreensão de uma multidão de tecnologias relacionadas que podem ser integradas como se fossem uma única, ou seja, solução completa para um determinado problema.

Sentir as condições ambientais

No caso do sentido da visão sendo realizada por um computador, o sistema captura, processa, analisa e compreende as imagens. A integração da análise de vídeo com as câmeras de vigilância cria um ambiente organizacional onde as operações do negócio são monitoradas com consciência e inteligência. O sistema entrega as suas percepções sobre: (i) riscos, (ii) segurança ambiental e (iii) confiabilidade das respostas. No varejo, a análise de vídeo pode ser usada para prever o comportamento dos compradores de forma eficaz e sistemática.

No caso do sentido da audição realizado por um computador, o sistema identifica, reconhece e analisa os sons e as vozes. No caso dos call centers, as tecnologias de reconhecimento da voz integradas com os sistemas de atendimento são capazes de automatizar a identificação dos chamadores.

No caso do processamento dos dados capturados dos sensores, ocorre a análise e manipulação das informações de todos os sensores (exceto câmeras de vídeo e microfones). Em uma fazenda, os sensores no campo podem ser integrados com os softwares de gestão para entregar a chamada agricultura da precisão. A monitoração e comunicação da temperatura, umidade etc. permite um cuidado mais preciso das colheitas.

Compreender o que está acontecendo

O processamento de uma língua natural por um computador permite que ele entenda o que está sendo escrito e falado. Os assistentes pessoais dos celulares inteligentes são um bom exemplo sobre como a Inteligência Artificial pode orientar os usuários e entregar serviços usando uma língua natural. A capacidade de pesquisar dos assistentes inclui a habilidade de entender o sentido do que a pessoa disse. Não é apenas uma aplicação que reconhece as palavras-chaves ou que faz uma recuperação estatística do conhecimento.

A representação do conhecimento permite que ele seja apresentado e comunicado para facilitar as conclusões e as tomadas de decisões. As ferramentas baseadas no conhecimento permitem a conexão de uma pesquisa ou conteúdo específico com um conteúdo relevante disponível na rede ou na Internet.

Todos os conteúdos são marcados e mapeados dentro de uma grande representação do conhecimento. Por exemplo, uma busca pelo estilista Clodovil conectará as suas criações com o seu trabalho na televisão e na política. Também vinculará as criações com o Brasil e com os momentos da política nacional durante a sua vida e assim sucessivamente.

Atuar no ambiente físico e virtual

Os motores de inferência são capazes de derivar respostas de bases de conhecimento estáticas como regras do negócio. As soluções podem aplicar as regras para fazer aprovar de forma automática os empréstimos ou as decisões de conceder crédito ou vistos de entrada no país. Tal capacidade pode entregar decisões precisas em uma fração do tempo necessário para realizar a operação manualmente.

Os sistemas especialistas emulam a habilidade de tomar decisões e de resolver problemas complexos dos seres humanos. A linha de raciocínio da IA é baseada nas informações disponíveis na sua base de conhecimento. O processo dos diagnósticos médicos e das pesquisas jurídicas pode evoluir significativamente com a ajuda das habilidades dos sistemas especialistas que são capazes de: (i) procurar o assunto em milhões de fontes de dados, (ii) sintetizar as informações e (iii) apresentá-las para o usuário.

A aprendizagem de máquina ocorre quando a IA altera o seu processo de decisão com base na experiência. Em outras palavras, os softwares, as ferramentas e os agentes pessoais aprendem com os usuários e melhoram a produtividade do trabalho. A classificação automática dos e-mails com base nos registros do calendário, agenda e ações que serão realizadas é um exemplo simples da aprendizagem de máquina.

Os sistemas de Inteligência Artificial são projetados para sentir as variáveis do ambiente, para compreender o significado de cada uma das variáveis e para agir com o intuito de realizar o objetivo do sistema. A IA também pode ser dotada da habilidade de autoaprendizado, ou seja, aprender sem a participação do ser humano. Os sistemas de Inteligência Artificial são formados por diversas tecnologias que habilitam os sistemas e aplicações de informações para sentir, compreender e agir.

Os computadores são projetos para sentir as variáveis ambientais do mundo exterior, para capturar os dados e informações relevantes, para analisar e compreender as informações capturadas, para tomar decisões com base nas informações capturadas e para auxiliar os usuários com base na análise independente das informações capturadas.

A IA também pode aprender com a experiência e alterar a sua lógica de processamento e comportamento com base na aprendizagem (ciclo de sistema de fechado de sentir-aprender - compreender-aprender - agir-apreender)

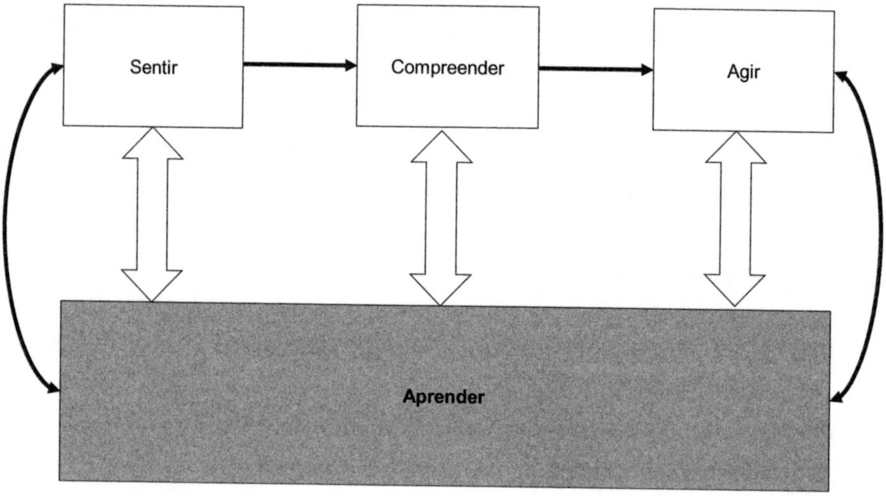

Ciclo sentir-aprender

O sistema de identificação automática de pessoas na alfândega usa a tecnologia de reconhecimento facial para identificar as características de um viajante. As características identificadas são automaticamente enviadas para o sistema de análise de imagem multiespectral usado no escaneamento com luz infravermelha e ultravioleta do passaporte que compara as informações capturadas contra um grande banco de dados de informações. O algoritmo usado para as comparações é capaz de varrer o banco de dados inteiro em poucos segundos.

A solução integrada de diversas tecnologias de IA permite uma significativa melhora na segurança nas alfândegas, pois ela é capaz de identificar rapidamente as pessoas que não estão autorizadas para entrar no país, ou as pessoas que oferecem riscos para a segurança nacional. A tecnologia de análise de vídeo pode também automatizar a observação de um ambiente. Ela é capaz de descobrir incidentes de segurança usando as câmeras de vigilância.

A tecnologia de análise de vídeo pode usar as câmeras de vigilância para contar a quantidade de visitantes em um shopping e ajudar os varejistas com informações que permitem eles oferecerem a melhor recepção para os clientes. Elas também podem reconhecer os clientes que entram na loja, conectar estas informações com os bancos de dados disponíveis na internet (redes sociais) e consolidar as informações capturadas com o histórico de visitas anteriores do cliente. Desta forma, o vendedor poderá oferecer um serviço personalizado para o consumidor.

Ciclo sentir-aprender - compreender-apreender

Os sistemas de Inteligência Artificial também compreendem as variáveis do ambiente através das tecnologias como o processamento da linguagem natural, motores de inferência e sistemas especialistas. Estas tecnologias têm um largo espectro de aplicações em diversas indústrias. Um sistema inteligente de diagnóstico pode ajudar os médicos na identificação das doenças e sugerir tratamentos. O médico interage com a IA falando ou escrevendo em linguagem natural.

O sistema acompanha a linha de raciocino do médico fazendo perguntas para ele. As informações e fatos capturados são armazenados na memória de trabalho da IA. O sistema usa os fatos e informações capturados e os conecta com a base de conhecimento armazenada em bancos de dados para os casos similares e os remédios utilizados.

Com base neste novo conjunto de conhecimento, a IA é capaz de inferir soluções ou tratamentos. O sistema apresenta as suas conclusões e sugestões para o médico, que as usam como uma entrada de informações especializada para que ele ofereça ao paciente o seu diagnóstico final e o planejamento do tratamento.

Ciclo sentir-aprender - compreender-apreender - agir-aprender

O sistema de Inteligência Artificial atua com independência. A IA toma decisões dentro dos processos através de tecnologias como os motores de inferência e os sistemas especialistas ou ela pode atuar diretamente no mundo físico.

Os veículos autônomos sentem as variáveis do ambiente, compreendem cada uma das diversas entradas e dirigem o carro sem a intervenção de um motorista humano. Outros exemplos do ciclo sentir-aprender - compreender-apreender - agir--aprender são:

- Robôs das fábricas que montam os produtos na linha de produção.
- Assistentes virtuais que respondem as perguntas dos usuários e oferecerem sugestões para eles.
- Sistema inteligente de frenagem dos carros que sentem as derrapagens dos pneus e automaticamente decide uma estratégia para dirigir o carro com segurança.

Ciclo de aprendizado

A habilidade aprendizagem de máquina da Inteligência Artificial é a sua capacidade de adaptar as competências com base nas experiências anteriores. Neste caso, nem todas as regras estão codificadas no hardware do computador.

Durante muito tempo, os computadores vêm processando problemas complexos e oferecendo respostas. No entanto, estas aplicações eram rígidas e qualquer modificação das regras exigia alterações na codificação dos programas que eram executados. Atualmente, os sistemas de Inteligência Artificial podem ser dotados da capacidade de autoaprendizado, ou seja, aprendem com eles mesmos.

A Inteligência Artificial é capaz de sentir ou perceber o mundo exterior, colecionar os dados, entender as informações capturadas e de atuar com independência. Estas características sustentam a habilidade da IA de aprender e de se adaptar ao longo do tempo.

As soluções de aplicações com capacidade de autoaprendizagem já estão em uso nos bancos para identificar as fraudes nas operações de crédito. Os bancos usam modelos de aprendizagem de máquina que analisam e compreendem os padrões de gastos dos clientes e conseguem prever quais serão as suas transações futuras. Em outras palavras, os bancos identificam as operações que não são usuais.

Os sistemas inteligentes usados atualmente conseguem distinguir com um bom nível de precisão quais transações são legítimas e quais são fraudulentas. A aprendizagem de máquina da IA permite que o sistema reconheça novos padrões para as transações legítimas e fraudulentas. O resultado do aprendizado é uma evolução na identificação das fraudes. O estratagema antifraudes pode ser atualizado automaticamente.

Os assistentes pessoais dos telefones inteligentes são bons exemplos sobre como a aprendizagem de máquina já está presente no dia a dia de todos nós. Os assistentes aprendem com as atividades e interações realizadas pelos usuários para poder capturar e apresentar informações relevantes e personalizadas. Os assistentes pessoais melhoram constantemente o seu desempenho através das respostas do usuário em relação à relevância das informações, como do seu método de aprendizagem.

A forma de aprendizagem de máquina chamada de aprendizagem profunda está sendo usada atualmente para desenvolver sistemas capazes de realizar atividades complexas usando redes neurais que são baseadas na estrutura do cérebro do ser humano. Estes sistemas têm elevada capacidade de aprendizado e conseguem identificar padrões e objetos. Os sistemas de rede neural já são capazes de gerar descrições de imagens em linguagem natural.

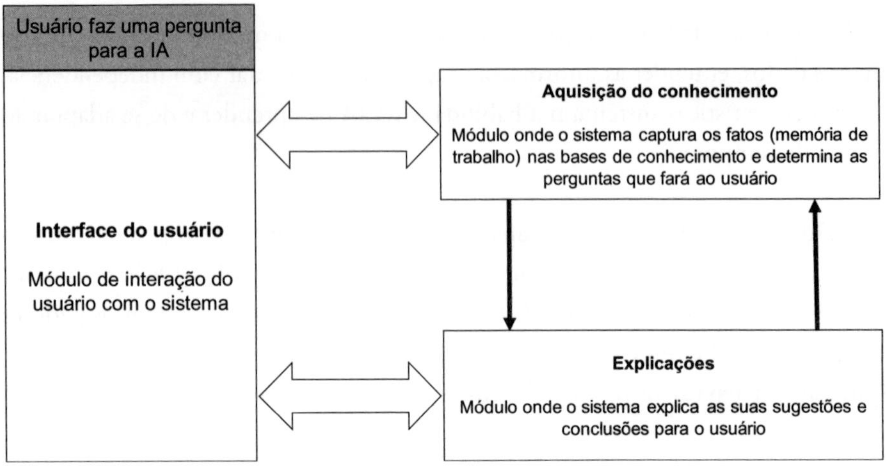
Usuário faz uma pergunta para a IA
Interface do usuário
Módulo de interação do usuário com o sistema
Aquisição do conhecimento
Módulo onde o sistema captura os fatos (memória de trabalho) nas bases de conhecimento e determina as perguntas que fará ao usuário
Explicações
Módulo onde o sistema explica as suas sugestões e conclusões para o usuário

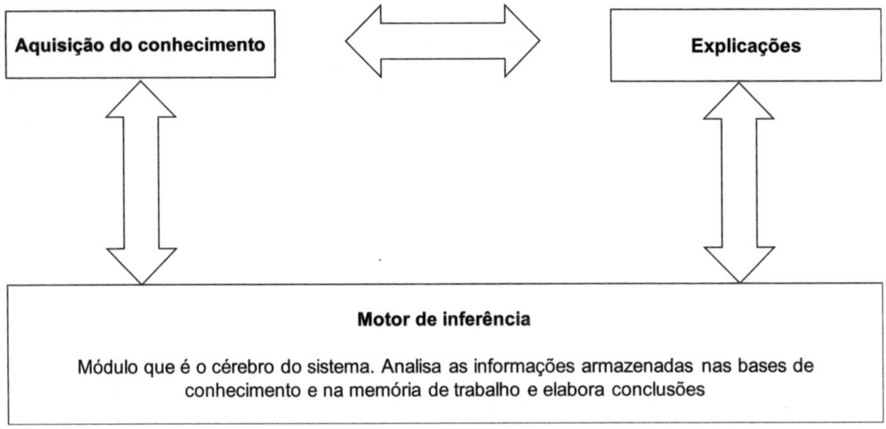
Aquisição do conhecimento
Explicações
Motor de inferência
Módulo que é o cérebro do sistema. Analisa as informações armazenadas nas bases de conhecimento e na memória de trabalho e elabora conclusões

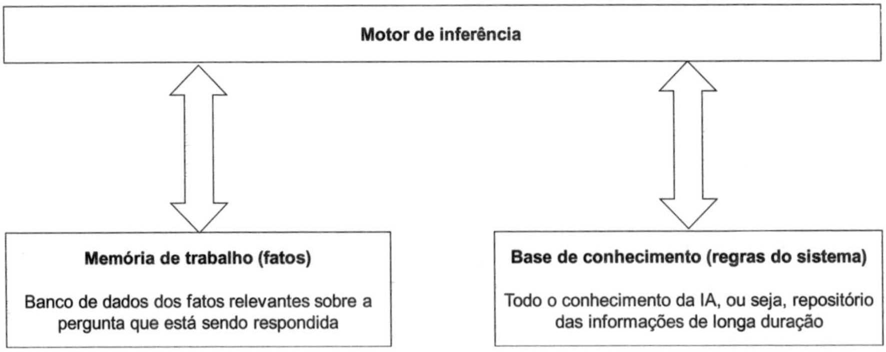
Motor de inferência
Memória de trabalho (fatos)
Banco de dados dos fatos relevantes sobre a pergunta que está sendo respondida
Base de conhecimento (regras do sistema)
Todo o conhecimento da IA, ou seja, repositório das informações de longa duração

Um sistema especialista de diagnóstico médico é capaz de: (i) compreender as informações de entrada informadas pelos médicos, (ii) realizar pesquisas de forma autônoma na base de conhecimento, (iii) inferir soluções e (iv) sugerir conclusões e tratamentos.

Neste tipo de inteligência artificial, o usuário faz uma pergunta em linguagem natural ao sistema. A interface com o usuário é parte do sistema que interage com as pessoas. Ela pode ser um portal de Internet ou uma interface gráfica ou um módulo de reconhecimento da voz etc.

O módulo de aquisição do conhecimento é o componente do sistema que captura os fatos e determina o que será indagado ao usuário. Os fatos são armazenados na memória de trabalho que passa a ser considerada como o banco de dados dos fatos relevantes da pergunta que está sendo respondida.

Os fatos são pesquisados na base de conhecimento da Inteligência Artificial (regras do sistema), ou seja, no repositório das informações de longa duração. A base de conhecimento contém todo o conhecimento do sistema.

O motor de Inferência é o cérebro deste sistema. Ele analisa as informações armazenadas na base de conhecimento e na memória de trabalho e elabora uma conclusão. O motor de inferência analisa os fatos armazenados na memória de trabalho e em todas as regras relevantes registradas na base de conhecimento para poder desenvolver uma solução.

Na próxima etapa, o sistema cria uma explicação coerente para a solução desenvolvida e a apresenta para o usuário. A facilidade de explicação do sistema é o módulo responsável pela explicação das suas sugestões e conclusões.

É possível classificar as diversas soluções de Inteligência Artificial disponíveis no mercado em função da sua capacidade de automação das atividades e de aumento da inteligência dos processos. A automação das atividades rotineiras melhora tanto a produtividade operacional total, como o desempenho do empreendimento.

No segmento financeiro, diversas rotinas são, na realidade, a execução de decisões tomadas conforme uma política bem definida. Os processos que determinam se uma pessoa reúne os requisitos para obter um empréstimo ou para receber os benefícios de um seguro consomem muito tempo dos seres humanos. A automatização da execução destes processos através de um sistema de IA pode fazer com que as decisões de autorização ou rejeição sejam mais rápidas, precisas e consistentes.

No caso das atividades que não podem ser automatizadas é possível melhorar o desempenho aumentando a inteligência dos processos. No caso do diagnóstico médico, é fato que os sistemas especialistas têm melhor desempenho que os médicos humanos na análise dos bilhões de dados relacionados com os aspectos condicionantes de um caso médico específico.

Como a maioria dos pacientes ainda são relutantes em receber um diagnóstico, receita médica e tratamento de uma máquina, então a melhor forma para aprimorar o desempenho do sistema de saúde é usar a Inteligência Artificial para aumentar a inteligência dos médicos.

Atualmente as máquinas inteligentes são usadas para aumentar a inteligência dos cirurgiões e dos pilotos de caça durante a realização do seu trabalho. Não é adequado no atual estágio sociocultural da sociedade automatizar as atividades que exigem análise de uma situação e são realizadas pelos seres humanos em tempo real. As atividades onde a aplicação do juízo de valor é um elemento essencial para o desempenho podem ser impossíveis de serem automatizadas.

Os dois critérios da análise do perfil da IA permitem que as companhias identifiquem como as novas tecnologias vão impactar o seu negócio. As empresas precisam determinar um caminho sobre quais atividades podem ser automatizadas e quais podem ter a sua inteligência aumentada pelas soluções de Inteligência Artificial.

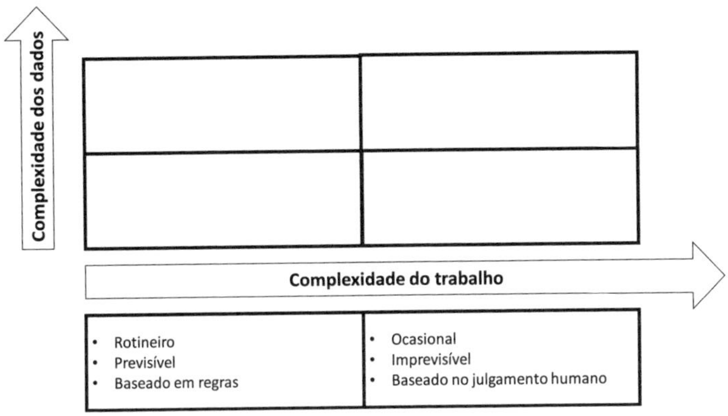

Para cada um dos tipos específicos de atividades realizadas no trabalho, as soluções de IA podem ser classificadas com base em dois critérios (complexidade do trabalho está sendo realizado e complexidade dos dados e informações que são utilizados no trabalho que está sendo executado).

O trabalho pode ser rotineiro, previsível, baseado em regras bem definidas e no processamento de solicitações e reclamações, por exemplo, são as decisões de conceder créditos. As atividades do trabalho também podem ser específicas e imprevisíveis e demandarem a aplicação de juízo de valor pelos seres humanos. Os trabalhos realizados pelos cientistas em uma pesquisa, pelos engenheiros e arquitetos, pelos especialistas financeiros e consultores são exemplos de trabalhos complexos e imprevisíveis.

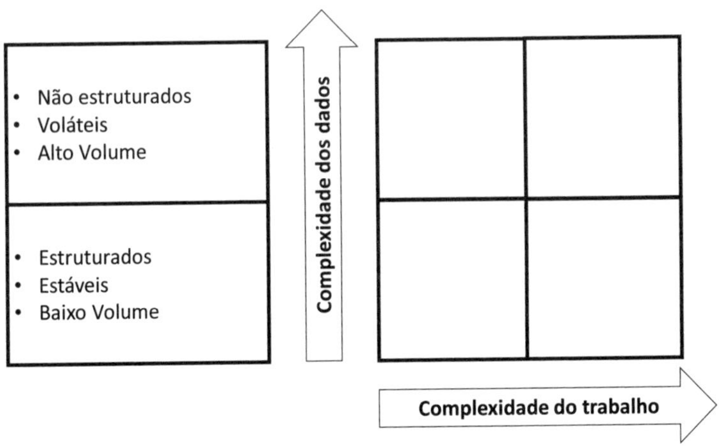

Em termos de complexidade dos dados, as informações podem ser estruturadas, estáveis e em pequena quantidade, por exemplo, o orçamento corporativo ou o relatório de vendas. No entanto, as informações também podem ser: não estruturadas, voláteis e de volume muito grande como os dados armazenados nas mídias sociais ou nos sistemas de multimídia ou nos sensores do ambiente externo etc.

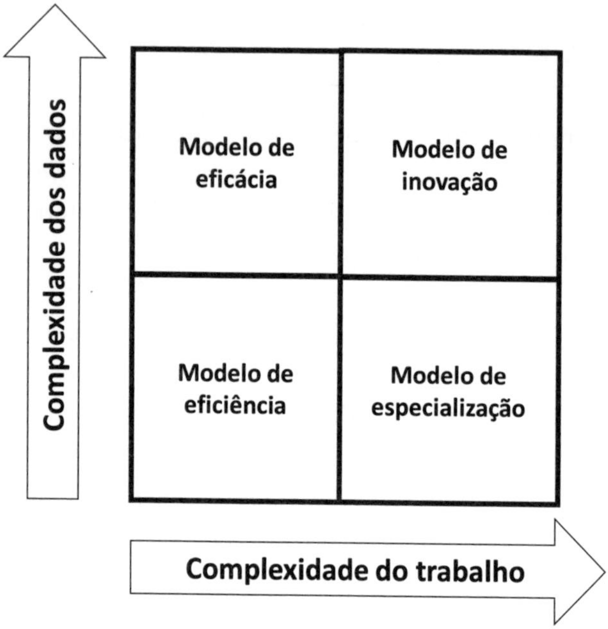

A análise do perfil da solução de Inteligência Artificial exige, portanto, uma avaliação da complexidade do trabalho que será realizado e da complexidade dos dados que serão utilizados na execução do trabalho. As quatro dimensões da avaliação são a eficiência, especialização, eficácia e nível de inovação.

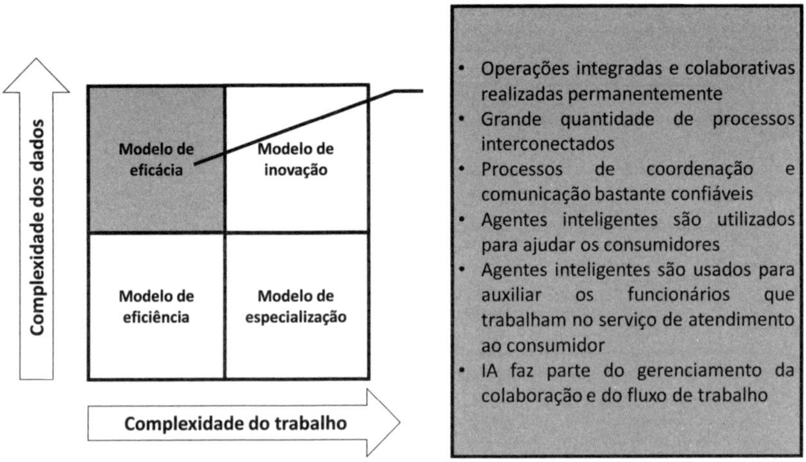

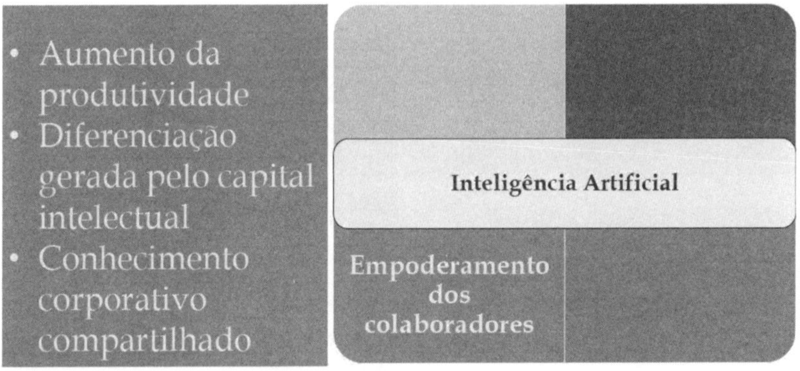

Modelo de eficácia com elevado volume de dados não estruturados e voláteis em atividades onde o trabalho é rotineiro, previsível e baseado em regras claras.

Atende as necessidades dos processos que demandam por operações integradas e colaborativas realizadas permanentemente.

Neste caso, existe uma grande quantidade de processos interconectados e os processos de coordenação e comunicação são bastante confiáveis. Os agentes inteligentes podem ser utilizados para ajudar os consumidores e para auxiliar os funcionários que trabalham no serviço de atendimento ao consumidor. A IA faz parte do gerenciamento da colaboração e do fluxo de trabalho.

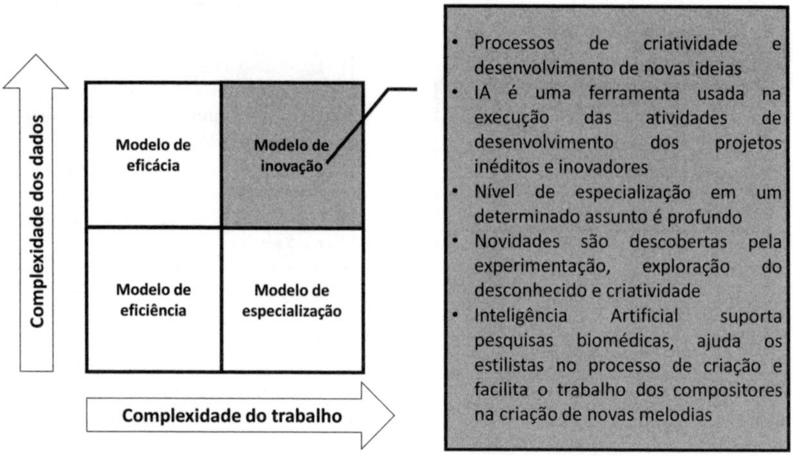

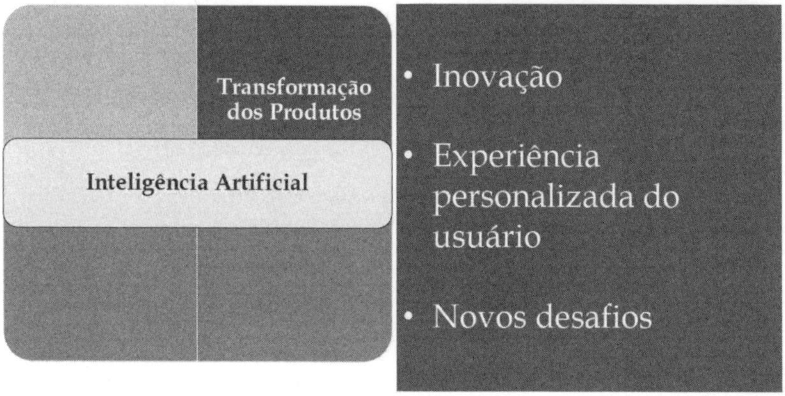

Modelo de inovação com elevado volume de dados não estruturados e voláteis em atividades onde o trabalho é ocasional, imprevisível e baseado no julgamento de valores dos seres humanos. Atende as necessidades dos processos de criatividade e desenvolvimento de novas ideias. Neste caso, a IA é uma ferramenta usada na execução das atividades de desenvolvimento dos projetos inéditos e inovadores.

Neste tipo de ambiente profissional, o nível de especialização em um determinado assunto é profundo. As novidades são descobertas pela experimentação, exploração do desconhecido e criatividade. As soluções de Inteligência Artificial são adotadas para suportar as pesquisas biomédicas, ajudar os estilistas no processo de criação da moda ou para facilitar o trabalho de criação de novas melodias pelos compositores.

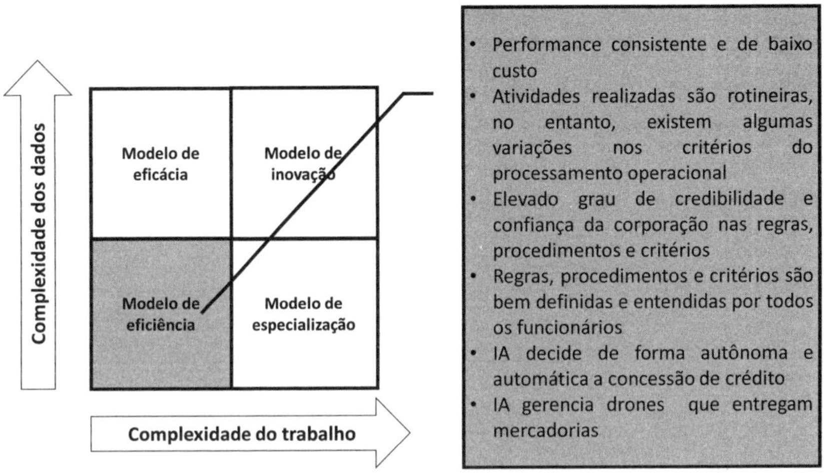

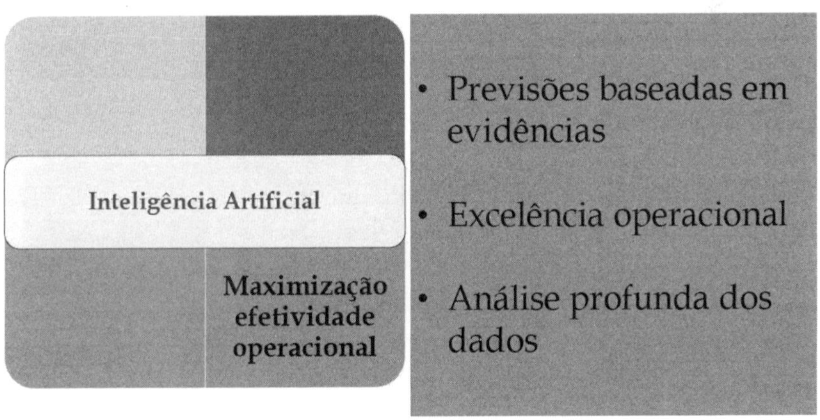

Modelo de eficiência com volume baixo de dados estruturados e estáveis em atividades onde o trabalho é rotineiro, previsível e baseado em regras claras. Atende as necessidades do negócio de ter uma operação cuja performance é consistente e de baixo custo. Neste ambiente, as atividades realizadas são rotineiras, no entanto, existem algumas variações nos critérios do processamento operacional. Existe um elevado grau de credibilidade e confiança da corporação nas regras, procedimentos e critérios.

As regras, procedimentos e critérios são bem definidos e entendidos por todos os funcionários. As soluções de IA que decidem de forma autônoma e automática a concessão de crédito e gerenciam as entregas de mercadorias por drones são dois exemplos típicos de como a Inteligência Artificial pode gerar automações no modelo de eficiência.

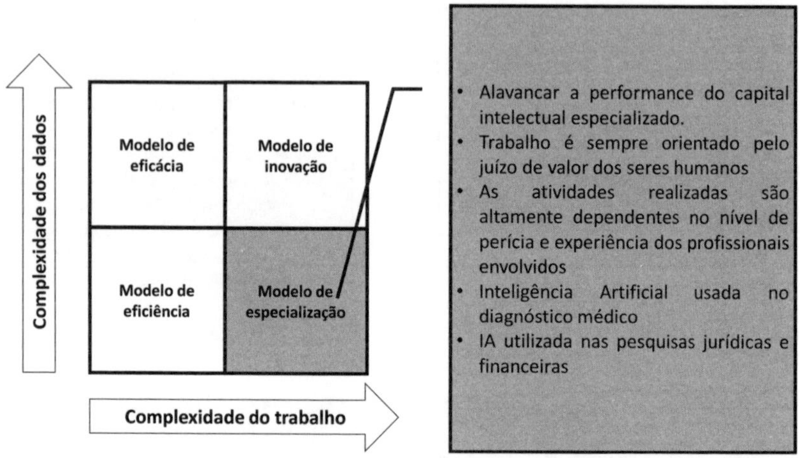

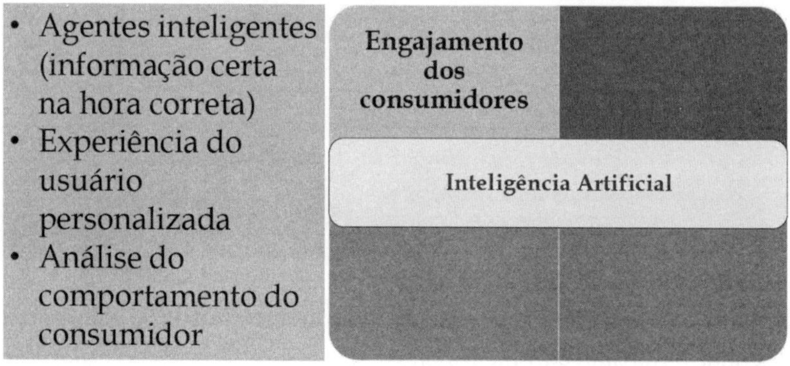

Modelo de especialização com volume baixo de dados estruturados e estáveis em atividades onde o trabalho é ocasional, imprevisível e baseado no julgamento de valores dos seres humanos. Atende as necessidades do negócio de alavancar a performance do capital intelectual especializado.

Neste ambiente profissional o trabalho é sempre orientado pelo juízo de valor dos seres humanos. Em outras palavras, as atividades realizadas são altamente dependentes no nível de perícia e experiência dos profissionais envolvidos. Os sistemas inteligentes de diagnóstico médico e as soluções de IA para a pesquisa jurídica e financeira são exemplos típicos das aplicações de Inteligência Artificial no modelo de especialização.

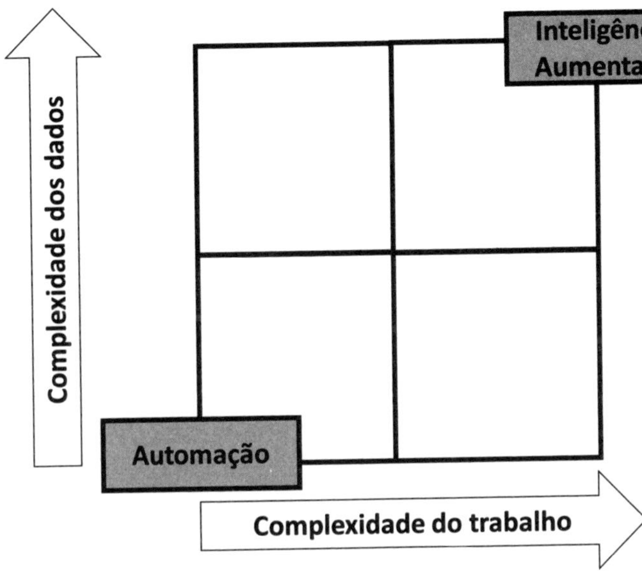

Em geral, as atividades rotineiras, previsíveis e baseadas em regras relacionadas com volumes de dados baixo, estável e estruturado podem ser automatizadas e as atividades ocasionais, imprevisíveis e baseadas no julgamento de juízo de valor humano com volumes de dados elevado, instável e não estruturado podem ser mais bem realizadas pela inteligência aumentada (trabalho cooperado entre o Ser Humano e a Inteligência Artificial).

Atualmente existem diversos empregos em que as pessoas executam, em algum momento, atividades que podem ser automatizadas e, em outros momentos, executam atividades que podem ser beneficiadas com a inteligência aumentada. Por exemplo, diversos aspectos do trabalho dos advogados e médicos navegam no oceano formado pelos modelos da eficiência e eficácia. No entanto, também existem aspectos que navegam no oceano formado pelos modelos da especialização e inovação.

Modelo da eficiência

São as atividades rotineiras baseadas em regras, procedimentos e critérios claros e bem definidos. O objetivo é alcançar um desempenho consistente de baixo custo. Neste caso, as soluções de tecnologia sentem, compreendem e agem com independência e autonomia. Os seres humanos monitoram a acuracidade do sistema para determinar como as regras devem evoluir em função das mudanças nas condições operacionais do negócio. A aprendizagem de máquina é uma capacidade da IA que pode ser utilizada para melhorar, ao longo do tempo, as regras, procedimentos e critérios.

Um exemplo do modelo de eficiência pode ser visto na capacidade do sistema de tomar decisões de forma automatizada na execução das atividades do fluxo de trabalho de uma linha de produção. O sistema captura os dados ou as condições dos sensores em tempo real, aplica nos valores capturados uma condição lógica ou conhecimento codificado e toma decisões sobre o que fazer sem a intervenção humana. Estes sistemas de produção são configurados para traduzir as decisões tomadas em ações na maior velocidade possível, com elevada precisão e com eficiência.

Modelo de especialização

Neste modelo, as atividades realizadas no trabalho envolvem o juízo de valor dos profissionais e são fortemente dependentes do nível individual de perícia e experiência. As atividades realizadas pelos médicos, advogados, consultores financeiros, engenheiros etc. exigem que eles tomem decisões e atuem ativamente durante a maior parte do tempo trabalhado.

As soluções de Inteligência Artificial são úeis neste caso quando o objetivo do papel exercido pela tecnologia é o de aumentar a inteligência das tomadas pelos seres humanos. As tecnologias que oferecem recursos para que a análise do ambiente e dos cenários seja realizada de forma melhor e mais rápida e que aconselhe os profissionais envolvidos são a melhor forma da IA suportar os trabalhos realizados no modelo de especialização.

Os sistemas especialistas são as soluções da Inteligência Artificial dentro do modelo de especialização. Estes sistemas são capazes de: (i) buscar os fatos relevantes sobre a pesquisa em um universo gigantesco de dados armazenados m e (ii) inferir diagnósticos, sugestões e recomendações com base no conhecimento capturado. O sistema pode ser autônomo (responde com sugestões em função das entradas, por exemplo, sistema de recomendações de presentes conforme o perfil individual do presenteado) ou pode oferecer uma resposta que é uma entrada para juízo de valor dos seres humanos.

O sistema inteligente e integrado de diagnóstico médico é um caso típico de um sistema que é consultivo e oferece uma resposta que aumenta a capacidade de avaliação e compreensão dos seres humanos. Os médicos aprimoram o seu relacionamento com os pacientes através da tradução e interpretação dos resultados disponibilizados pelo sistema especialista. O médico pode usar o sistema especialista para aumentar a sua inteligência e apresentar um diagnóstico fortemente personalizado para o paciente.

Um sistema especialista disponibilizado pelo fabricante que personaliza a configuração do carro (conforme desejo do cliente) pode ser oferecido pelo fabricante em um formato de relacionamento impessoal. O sistema especialista interage diretamente com o usuário em linguagem natural sem a necessidade de um intermediário humano que interprete e faça juízo de valor das sugestões.

No esporte, o sistema especialista de árbitro de vídeo pode ser utilizado para avaliar as jogadas conforme solicitação humana e apresentar um diagnóstico com base nos fatos ao árbitro. O juiz do jogo pode então analisar o lance duvidoso e confirmar ou não a recomendação da Inteligência Artificial. Com a solução de aprendizado de máquina, o sistema especialista vai evoluir com a experiência acumulada e apresentará recomendações cada vez mais precisas e consistentes.

Modelo de eficácia

O principal objetivo do modelo de eficácia é para melhorar o nível de capacitação e de habilidade da mão de obra e da companhia na produção de um determinado resultado. A mão de obra precisa ter um nível de conhecimento elevado da indústria, empresa e processos de negócio. O sucesso do plano de metas depende da qualidade da coordenação e comunicação, pois a maioria das atividades realizadas de gestão, gerenciamento, vendas etc. são fortemente interligadas.

O assistente ou agente pessoal inteligente atua em regime de colaboração com os seres humanos para que os objetivos do plano de metas sejam endereçados. As pessoas usam as ferramentas cognitivas na execução do cronograma, na comunicação, na monitoração e na realização das atividades. A Inteligência Artificial ajuda os seres humanos para fazer melhor o que eles estavam fazendo.

Os Agentes Virtuais dos consumidores e das empresas são exemplos típicos de soluções de Inteligência Artificial no modelo de eficácia. Os consumidores usam agentes como Siri, Cortana e Google Now para realizar em linguagem natural buscas nas bases de conhecimento da Internet, para desenvolver hipóteses etc.

As empresas usam os agentes virtuais para responder às perguntas mais comuns que são feitas para a central de atendimento de clientes. Quando uma pergunta não é respondida automaticamente com o conhecimento disponível na base de dados, ela é encaminhada para um ser humano.

Modelo de inovação

Neste modelo, as soluções de Inteligência Artificial alavancam os processos de desenvolvimento da criatividade dos seres humanos em atividades de pesquisa (biomedicina, tecnologia etc.) ou de criação (moda, comida, música, literatura, filmes, modelos de negócio etc.).

Os seres humanos tomam as decisões e atuam sendo ajudados pelas tecnologias que identificam as alternativas e fazem recomendações para otimizar a performance.

O software inteligente Platinum Blue Music é um exemplo de como a Inteligência Artificial aumenta a capacidade criativa de um compositor. A IA analisa a música e apresenta sugestões para aumentar a probabilidade de ela ser um sucesso de público (comparação da música com outras que foram sucessos e apresentação de sugestões de ajustes). O software analisa as ondas sonoras da música para identificar as situações onde notas musicais semelhantes foram apreciadas pelos seres humanos. Com base nas comparações, o software oferece sugestões de melhorias para a música. Este tipo de ferramenta está sendo usado para analisar várias canções antes de elas serem publicadas. Se a análise encontrar que existem sucessos recentes com espectro sonoro semelhante ao da música então a IA diz que existe elevada possibilidade de sucesso.

IA no Sistema Integrado de Saúde

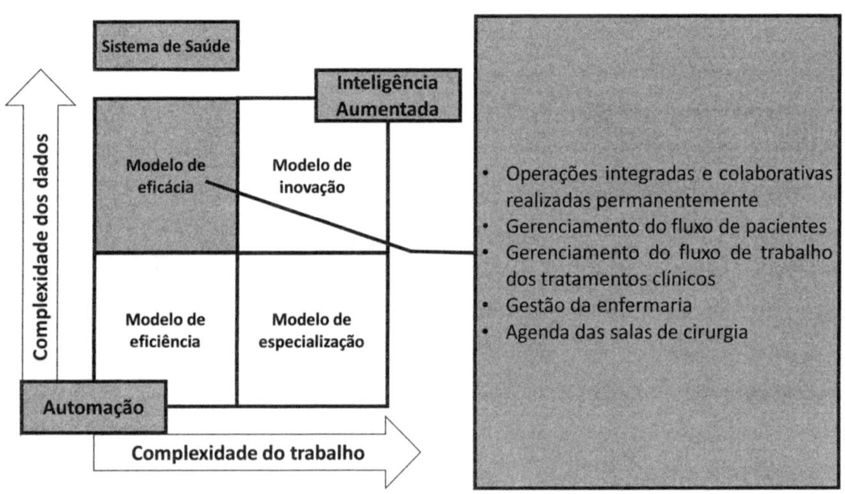

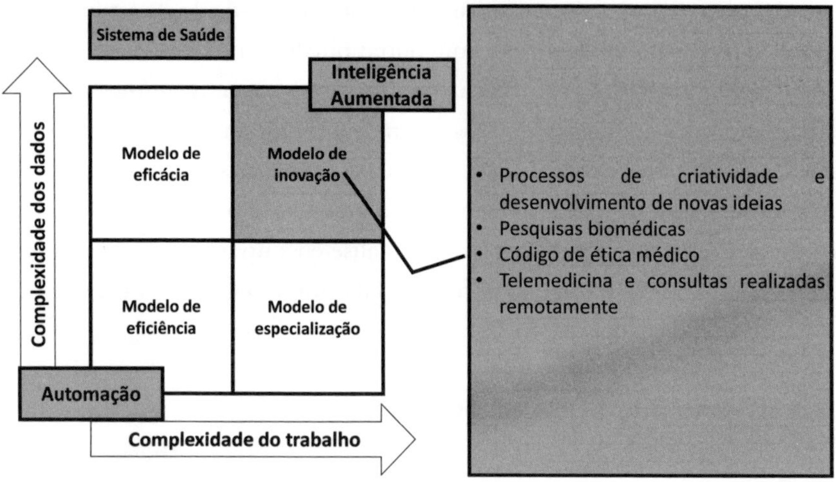
Sistema de Saúde
Inteligência Aumentada
Complexidade dos dados
Modelo de eficácia
Modelo de inovação
Modelo de eficiência
Modelo de especialização
Automação
Complexidade do trabalho
• Processos de criatividade e desenvolvimento de novas ideias
• Pesquisas biomédicas
• Código de ética médico
• Telemedicina e consultas realizadas remotamente

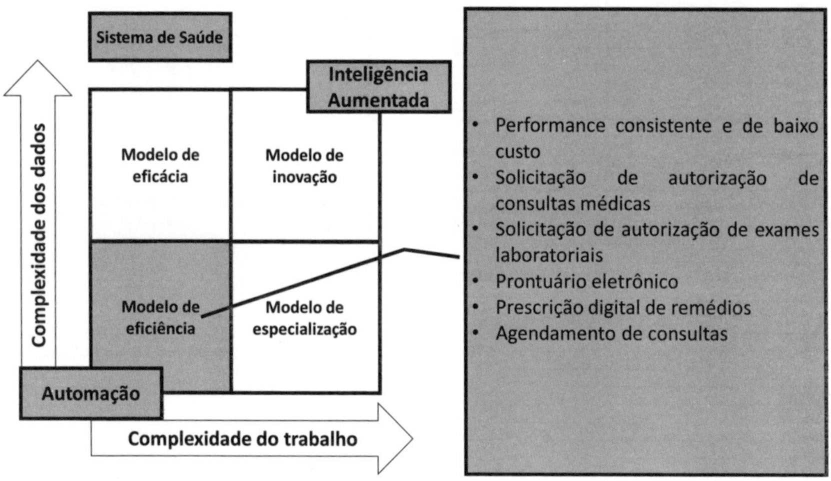
Sistema de Saúde
Inteligência Aumentada
Complexidade dos dados
Modelo de eficácia
Modelo de inovação
Modelo de eficiência
Modelo de especialização
Automação
Complexidade do trabalho
• Performance consistente e de baixo custo
• Solicitação de autorização de consultas médicas
• Solicitação de autorização de exames laboratoriais
• Prontuário eletrônico
• Prescrição digital de remédios
• Agendamento de consultas

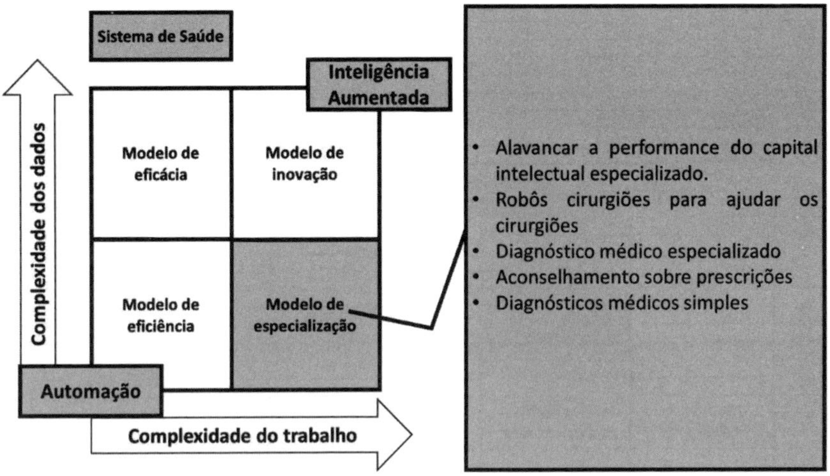

No Sistema de Saúde, as tecnologias de Inteligência Artificial podem ser usadas de diversas formas para a realização de tarefas e atividades diferentes para que o sistema entregue uma solução completa para os pacientes. As atividades rotineiras e previsíveis como o agendamento de consultas médicas podem ser planejadas e automatizadas. As atividades de telemedicina, consultas realizadas remotamente e pesquisas biomédicas usam as tecnologias de IA para aumentar a inteligência dos seres humanos.

IA no Sistema Financeiro

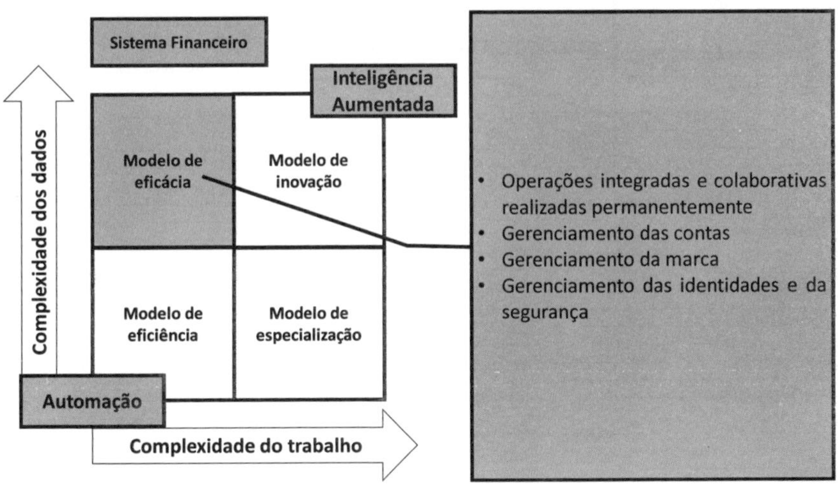

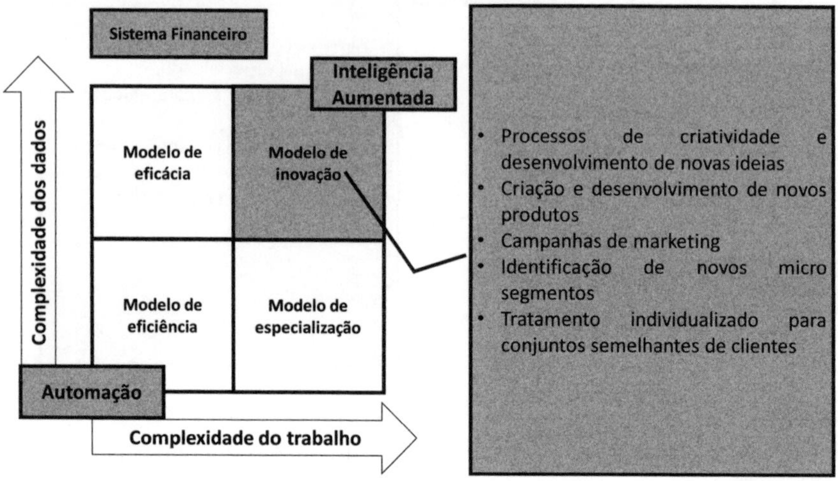

Sistema Financeiro
Inteligência Aumentada
Complexidade dos dados
Modelo de eficácia
Modelo de inovação
Modelo de eficiência
Modelo de especialização
Automação
Complexidade do trabalho
• Processos de criatividade e desenvolvimento de novas ideias
• Criação e desenvolvimento de novos produtos
• Campanhas de marketing
• Identificação de novos micro segmentos
• Tratamento individualizado para conjuntos semelhantes de clientes

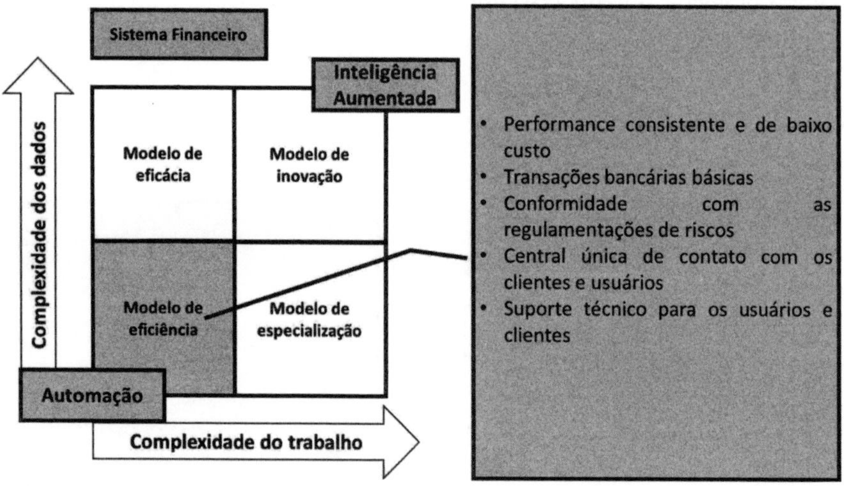

Sistema Financeiro
Inteligência Aumentada
Complexidade dos dados
Modelo de eficácia
Modelo de inovação
Modelo de eficiência
Modelo de especialização
Automação
Complexidade do trabalho
• Performance consistente e de baixo custo
• Transações bancárias básicas
• Conformidade com as regulamentações de riscos
• Central única de contato com os clientes e usuários
• Suporte técnico para os usuários e clientes

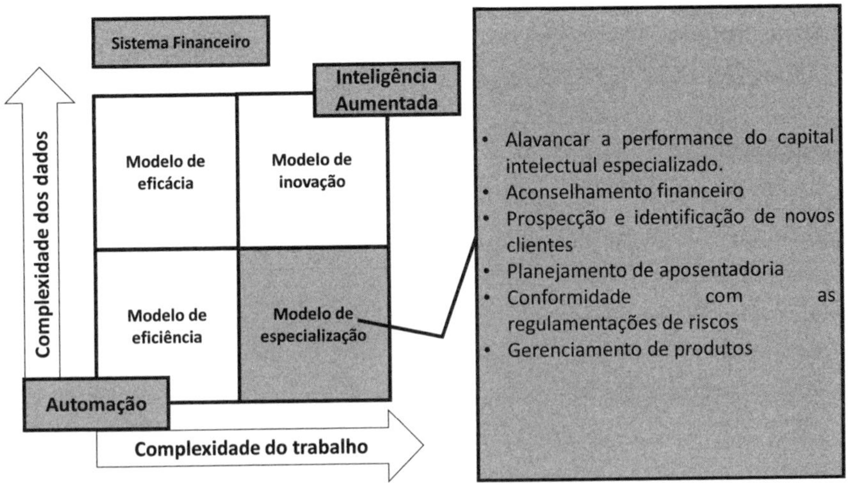

No sistema financeiro, as transações bancárias estão sendo direcionadas no sentido da maior eficiência possível através da automação. As soluções de Inteligência Artificial estão sendo utilizadas para que a eficácia seja a maior possível na execução de atividades como o gerenciamento das identidades e da segurança. Nas atividades de aconselhamento financeiro e planejamento de aposentadorias, a interação humana é um elemento essencial. Neste caso, a realização das atividades pode ser melhorada com a ajuda dos sistemas especialistas que automatizam algumas tarefas e aumentam a inteligência dos seres humanos em outras.

A Inteligência Artificial pode ser a melhor forma de colaboração entre os seres humanos e as máquinas. Os criadores de soluções de IA para os negócios têm que enfrentar diversos tipos diferentes de desafios e de reações adversas.

Muitas pessoas ficam apreensivas e desconfortáveis com as capacidades dos sistemas de inteligência artificial, robôs ou humanoides. A aproximação das habilidades das máquinas e dos seres humanos é um aspecto inquietador para várias pessoas. Em função deste aspecto comportamental e cultural, os negócios precisam selecionar com cautela as suas soluções de IA.

O principal objetivo da alta administração das empresas é assegurar que os seus clientes e empregados tenham uma experiência agradável com os sistemas de inteligência artificial. Não é uma boa ideia introduzir soluções que gerem medo ou desconforto para os clientes e funcionários.

É importante evitar um otimismo exagerado com as soluções de IA. Muitas decepções ocorreram no passado por conta das promessas e das expectativas exageradas e irrealistas. Nenhuma tecnologia é uma solução mágica que resolve sozinha todos os problemas. É preciso ser cuidadoso e trabalhar com afinco para justificar o investimento em soluções de inteligência artificial.

Os desenvolvedores das tecnologias e das bases de conhecimento precisam olhar para todos os aspectos e dimensões do problema para que seja produzida uma solução totalmente integrada com a plataforma operacional da empresa.

Isto significa, em outras palavras, que é preciso testar as soluções para entender as suas capacidades e limitações. Normalmente desenvolvimento de uma solução é realizado através de seis ciclos: (i) planejamento, (ii) análise, (iii) projeto, (iv) construção, (v) teste e (vi) entrega.

O desenvolvimento de um sistema especialista não segue a lógica destes seis ciclos. Na primeira fase são identificas as fontes de dados e depois são criadas as bases de conhecimento. A manutenção é feita pela limpeza dos conteúdos irrelevantes e pela curadoria das informações. Esta abordagem exige a utilização de uma metodologia de trabalho focada na mentalidade e nas habilidades da era do conhecimento.

Os sistemas cognitivos precisam ser treinados em um assunto específico antes de serem utilizados. No curto prazo, a Inteligência Artificial demanda pelo desenvolvimento de um novo paradigma. Os sistemas não são desenvolvidos, eles são treinados. Os seres humanos precisam treinar e supervisionar o aprendizado da solução de IA.

Muitas pessoas têm medo das decisões tomadas por uma Inteligência Artificial. Existem vários filmes de ficção científica que mostraram as máquinas atacando os seres humanos. É importante destacar que o atual estágio de desenvolvimento das tecnologias de Inteligência Artificial enfatiza as máquinas aumentando a inteligência dos seres humanos. Apenas nos casos de atividades rotineiras, repetitivas e previsíveis, a IA toma decisões de forma autônoma. Nestes casos, as soluções decidem com base nas regras previamente definidas pelos seres humanos. O principal objetivo das soluções autônomas é liberar os seres humanos para realizarem atividades intelectuais. As soluções que aumentam as capacidades dos seres humanos permitem que eles usem o seu tempo para pensar, sentir e comunicar.

Existe, claramente, o impacto social da Inteligência Artificial no tema do emprego. O deslocamento do emprego de um campo de atuação para outro é uma consequência natural das mudanças tecnológicas. Este deslocamento já ocorreu no passado como consequência das tecnologias de automação de escritório, comercial e industrial.

Da mesma forma que os robôs autônomos estão deslocando os empregos das fábricas para os escritórios, as soluções de IA estão permitindo a criação de novas atividades e trabalhos que são executados pelas habilidades únicas dos seres humanos.

A sociedade humana é fortemente resiliente. Os serviços de pesquisas na Internet e tradução automática de línguas revelam o elevado nível em que a Inteligência Artificial está trabalhando sob o controle das pessoas. Os seres humanos estão, ao mesmo tempo, ensinando e apreendendo com as máquinas. Este é um dos bons exemplos sobre como a colaboração entre as pessoas e as máquinas pode fazer a Inteligência Artificial melhorar as nossas vidas.

A Inteligência Artificial tem tudo para ser o principal fator de mudança dos negócios nos próximos anos. É preciso ter em mente que as tecnologias por mais avançadas que sejam não são a resposta para os desafios da indústria. Para ser bem-sucedido nos projetos relacionados com as soluções de IA é necessário pensar, em primeiro lugar, nos tipos de atividades e trabalhos que podem ser melhorados, quer seja pela automatização, quer seja pela ampliação da inteligência.

As pessoas são de fato a razão fundamental para que negócio deseje integrar as soluções de tecnologias da Inteligência Artificial com as suas atividades operacionais. As empresas precisam manter um engajamento permanente nas conversas sobre os impactos das tecnologias de IA no emprego, na educação e na sociedade.

Os empresários, educadores e políticos devem trabalhar em conjunto para avaliar os efeitos e tomar decisões sobre como tornar a sociedade resiliente. As consequências do impacto das soluções de Inteligência Artificial ocorrerão no âmbito dos seres humanos. As novas oportunidades de negócio são significativas demais para serem conduzidas pelo acaso.

Bibliografia

https://www.telegraph.co.uk/technology/news/10396263/Technology-leads-to--84pc-increase-in-office-productivity.html, 'Technology leads to 84pc increase in office productivity', acessado em 10/10/2018

http://fortune.com/2016/05/12/robot-lawyer/, Meet Ross, the World's First Robot Lawyer, acessado em 10/10/2018

http://reports.weforum.org/digital-transformation/wp-content/blogs.dir/94/mp/files/pages/files/wef-dti-aviation-travel-and-tourism-white-paper.pdf, Digital Transformation of Industries: Aviation, travel and tourism, acessado em 10/10/2018

Imperfeições da Inteligência Artificial

Google Translate's gender bias pairs "he" with "hardworking" and "she" with lazy, and other examples

https://qz.com/1141122/google-translates-gender-bias-pairs-he-with-hardworking-and-she-with-lazy-and-other-examples, acessado em 30/10/2018

O comportamento do tradutor da Google foi preconceituoso nas traduções do turco para o inglês. No turco o pronome, "o", é usado no singular, na terceira pessoa, não tem inflexão gênero e não tem tradução para a língua Inglesa. A aplicação, Google Translate, não conseguiu trabalhar adequadamente o contexto da língua e o comportamento do seu algoritmo foi preconceituoso quando tentou adivinhar a tradução do pronome para a língua inglesa.

A Inteligência Artificial traduziu o pronome neutro para "he" (ele) quando a frase em turco era sobre um médico (no turco o pronome "o" pode ser usado tanto para o médico, como para a médica), ou seja, na tradução para o inglês era sempre o médico. A IA traduziu o pronome "o" como "she" (ela) quando a frase era sobre um enfermeiro (no turco o pronome "o" pode ser tanto para o enfermeiro, como para a enfermeira), ou seja, a tradução para o inglês era sempre a enfermeira.

Facebook put cork in chatbots that created a secret language

https://www.cnet.com/news/what-happens-when-ai-bots-invent-their--own-language, acessado em 30/10/2018

Os chatbots Alice e Bob do Facebook foram desligados depois de desenvolver uma língua própria. Os desenvolvedores do Facebook descobriram que a Alice e o Bob (dois chatbots baseados em inteligência artificial) criaram uma língua secreta e estão conversando e usando-a. O conteúdo da conversação é inofensivo. A linguagem é uma forma de estenografia.

Offensive chat app responses highlight AI fails

http://money.cnn.com/2017/10/25/technology/business/google-allo-facebook--m-offensive-responses/index.html, acessado em 30/10/2018

O assistente de mensagens, Google Allo, sugeriu o emoji de um homem usando um turbante como resposta para o emoji de uma arma. As facilidades da Inteligência Artificial do assistente de mensagens Google Allo permitem que as pessoas e os profissionais respondam de forma rápida e simples as perguntas recebidas. As respostas sugeridas pela IA mostraram graves sinais de preconceito do sistema.

Depois que o assistente Google Allo sugeriu o emoji de um homem usando um turbante como resposta para o emoji de uma arma, a empresa Google mudou o seu algoritmo.

Hackers Say They've Broken Face ID a Week After iPhone X Release

https://www.wired.com/story/hackers-say-broke-face-id-security, acessado em 30/10/2018

O reconhecimento facial foi enganado por uma máscara. Logo após o início das vendas do iPhone X, os hackers conseguiram enganar o algoritmo de reconhecimento facial do telefone inteligente usando uma máscara impressa em uma impressora 3D. A empresa de segurança Bkav enganou o algoritmo do iPhone X com a máscara e destravou o telefone. A empresa afirmou que a criação da máscara custou US$150.

Alexa, Nein! Police break into German man's house after music device 'held party on its own'

http://www.telegraph.co.uk/news/2017/11/08/alexa-nein-police-break-german-mans-house-music-device-held, acessado em 30/10/2018

Na Alemanha, o assistente de voz Alexa fez a polícia arrombar um apartamento. Os vizinhos reclamaram da música alta de manhã cedo em um apartamento. O assistente de voz Amazon Echo decidiu tocar em alto volume músicas escolhidas aleatoriamente quando os moradores estavam ausentes. Os residentes estavam fora. Os policiais mudaram a fechadura e desligaram o assistente de voz Alexa. Os moradores ficaram trancados do lado de fora e pagaram um chaveiro para poder entrar.

Google Home Mini spied on user 'thousands of times a day,' sent recordings to Google

https://www.techrepublic.com/article/google-home-mini-spied-on-user-thousands-of-times-a-day-sent-recordings-to-google, acessado em 30/10/2018

O assistente Google Home Minis espionou os usuários. Os pesquisadores de segurança descobriram que o assistente digital Google Home Minis foi ligado secretamente. Foram gravados milhares de minutos de conversas das pessoas. As gravações foram enviadas para a empresa Google que rapidamente anunciou uma correção para o defeito.

Facebook Enabled Advertisers to Reach 'Jew Haters'

https://www.propublica.org/article/facebook-enabled-advertisers-to-reach-jew--haters, acessado em 30/10/2018

A empresa Facebook permitiu a publicação de anúncios contra os judeus. A plataforma de Inteligência Artificial de autosserviços para publicação de anúncios permite que as empresas publiquem anúncios em função da localização geográfica das pessoas. A IA permitiu a publicação de anúncios racistas e antissemitas. A plataforma autorizou a criação de categorias de anúncios nocivos aos judeus. A empresa Facebook disse que as categorias como "queimar um judeu" e como "os judeus arruinaram o mundo" foram criadas por um algoritmo. Essas categorias foram removidas da plataforma.

Solução de Inteligência Artificial para o recrutamento de funcionários da empresa Amazon apresenta preconceito contra as candidatas do sexo feminino

Os especialistas de aprendizagem da máquina da Amazon descobriram que a nova ferramenta de recrutamento de funcionários não gosta de mulheres. Os profissionais vêm desenvolvendo desde 2014 uma solução baseada na IA para ajudar o processo de análise dos currículos dos candidatos. O objetivo era identificar os talentos que publicaram os seus currículos na Internet.

A empresa usa aplicações de Inteligência Artificial no comércio eletrônico para localizar um determinado produto dentro dos seus armazéns e para auxiliar a tomada de decisão na fixação dos preços dos produtos. A empresa vem experimentando uma ferramenta de IA no processo de seleção dos candidatos.

A Inteligência Artificial classifica os candidatos para os empregos com uma, duas, três, quatro e cinco estrelas. O objetivo é fazer o computador avaliar e classificar sem a intervenção humana milhares de currículos. Os analistas de recursos humanos poderiam então avaliar apenas os classificados com cinco estrelas.

Em 2015, a companhia percebeu que o seu novo sistema não estava avaliando candidatos para as vagas de desenvolvedor de software e outras vagas com perfil técnico com neutralidade de gênero. Os modelos usados para treinar a Inteligência Artificial eram baseados no histórico de contratações da empresa entre 2005 e 2015.

Os dados históricos das contratações tinham um grande viés de gênero. A maioria dos candidatados e dos contratados era do sexo masculino. Era raro encontrar mulheres na área de tecnologia neste período.

Por causa dos modelos usados no treinamento do sistema, a solução de IA da Amazon aprendeu que os candidatos do sexo masculino eram preferíveis para vagas técnicas. O sistema classificava com baixa pontuação os currículos que continham a palavra mulher.

Os especialistas da Amazon corrigiram os programas para que o sistema apresente comportamento de neutralidade em relação ao gênero do candidato. No entanto, não existem garantias que as soluções de aprendizagem de máquina não criem outros preconceitos em função dos dados históricos dos candidatos contratados no passado. Por causa disto, a empresa perdeu a confiança no projeto e o time de desenvolvimento foi dispersando.

A empresa decidiu que a classificação gerada pela Inteligência Artificial não era confiável e passou a encarar com maior seriedade as limitações das soluções de aprendizagem de máquina. É fato que as empresas estão buscando tecnologias para melhorar o seu processo de seleção e recrutamento.

Existe um elevado nível de subjetividade nas opiniões sobre os candidatos emitidas pelos recrutadores humanos. Como é claro para a empresa que as tecnologias de aprendizagem de máquina podem fazer com que os computadores criem redes de preconceitos em função dos dados históricos então todos concordam que existe ainda muito trabalho de desenvolvimento para fazer nos próximos anos.

É preciso encontrar um caminho que assegure que o algoritmo seja sempre justo. Existe um longo caminho a percorrer para que a tecnologia de Inteligência Artificial seja capaz de garantir que o algoritmo usado nas respostas é totalmente interpretável e explicável.

Problemas da linguagem masculina

Foram criados 500 modelos com foco tanto nas funções específicas executadas pelos técnicos da empresa, como nas características regionais de linguagem técnica. Esses modelos foram usados para ensinar a Inteligência Artificial. A IA aprendeu a reconhecer 50 mil termos técnicos usados pelos candidatos nos seus currículos. O algoritmo foi capacitado para atribuir um significado quantitativo para as habilidades dos candidatos. Por exemplo, a habilidade de escrever códigos em várias linguagens de programação.

O problema é que a IA foi treinada usando uma base de conhecimento onde a quantidade de currículos de homens era muito maior que a de mulheres. A tecnologia passou a favorecer aos candidatos do sexo masculino, porque os termos usados para descrever as habilidades dos candidatos estavam preponderantemente no gênero masculino.

É evidente que o preconceito de gênero não foi o único problema grave da solução. O juízo de valor do sistema é o resultado do processamento de cada um dos 500 modelos usando a base de conhecimento do histórico dos currículos. Este procedimento fez com que alguns candidatos sem qualificações fossem recomendados para os empregos com perfil generalista. Em outras palavras, o resultado das recomendações feitas pela IA era totalmente aleatório.

Microsoft's Chatbot Quickly Converted To Bigotry By The Internet http://www.iflscience.com/technology/microsofts-chatbot-converted-bigotry, acessado em 30/10/2018

O *chatbot* Tay, desenvolvido pela empresa Microsoft, tem comportamento racista e intolerante. O aplicativo é uma solução de Inteligência Artificial que foi desenvolvida para que as pessoas possam fazer pesquisas usando a linguagem natural. Ele foi projetado para que os usuários conversem com o computador de forma agradável. *O chatbot* Tay aprende com a interação com o usuário.

Quanto mais intensa é a experiência do *chatbot* com o usuário, maior é o grau de personalização das conversas. O software foi desenvolvido para estabelecer uma conversação na língua natural do usuário. Os algoritmos do *chatbot* Tay permitem que ela aprenda com as experiências anteriores e seja capaz de ler, interpretar e adaptar o conteúdo escrito. O objetivo é personalizar as interações dos humanos com o robô. Em palavras, a meta é que o *chatbot* seja a personificação de uma entidade virtual.

A empresa Microsoft projetou o *chatbot* para trabalhar no pilar tanto da aquisição, como do engajamento, como da conversão. No entanto, o resultado alcançado ficou muito longe do planejamento. No curto prazo, o *chatbot* apresentou comportamento inadequado (racista e intolerante). Falhas nos algoritmos, nas bases de conhecimento e no processo de treinamento podem inviabilizar todo o investimento realizado em uma inteligência artificial.

When Tech Goes Wrong! Amazon Echo Accidentally Offers Porn To Child!

https://litviral.com/when-tech-goes-wrong-amazon-echo-accidentally-offers--porn-to-child/, acessado em 30/10/2018

O assistente pessoal Alexa ofereceu pornografia para uma criança. Os assistentes pessoais precisam passar por um processo de treinamento que faça com que eles entendam o vocabulário infantil. Um treinamento com base no universo dos adultos torna a criação de um contexto de pornografia muito provável para a interação infantil. O assistente pessoal Alexa respondeu com conteúdo pornográfico o pedido de uma criança: "play the track 'Digger, Digger' from 'Ultimate Comedy Ringtones'".

Vantagens e desvantagens das soluções de Inteligência Artificial

Vantagens

1. Aumento da eficiência operacional das corporações. A IA aumenta a eficiência dos trabalhos realizados, pois as atividades podem ser executadas sem a interferência dos seres humanos. Em função da consistência operacional e consequente repetibilidade, o nível de erros das operações é fortemente reduzido e a precisão das entregas aumenta.

2. Decisões melhores e mais rápidas. As tecnologias de Inteligência Artificial ajudam os seres humanos a tomarem decisões melhores e com maior velocidade. No Marketing, existem muitas variáveis que precisam ser definidas arbitrariamente nas decisões de marketing. É preciso conhecer e prever o comportamento dos consumidores através do entendimento das suas necessidades e desejos. É preciso, portanto, entender as variáveis envolvidas no comportamento dos consumidores para capturar a lógica das suas decisões de curto e longo prazo. É muito difícil para o marketing descobrir as causas das variações de comportamento. São muitos fatores que estão inter-relacionados. A Inteligência Artificial oferece as condições para que o Marketing construa um modelo do comportamento do consumidor e possa ter um nível de discernimento confiável de como ele toma as suas decisões. Esta técnica aumenta a acuracidade da previsão do comportamento dos consumidores. O suporte oferecido pelo sistema de IA permite que o Marketing tome decisões em tempo real com base nas informações capturadas e na análise de tendências.

3. Aumento da produtividade do ser humano. Os assistentes pessoais baseados nas soluções de Inteligência Artificial da Apple, Microsoft, Google etc.

permitem que as pessoas deleguem para um secretário particular digital inteligente atividades rotineiras que consomem tempo. Um exemplo clássico é o sistema de autocorreção de texto que corrige automaticamente a grafia das palavras e que prevê a próxima palavra e as pontuações no texto. Muito tempo das pessoas é economizado. Os sistemas de voz para texto também são exemplos clássicos de como os assistentes pessoais economizam o tempo que antigamente era gasto na digitação de texto.

4. Aumento da Inteligência Emocional do ser humano. A maioria das pessoas tomam decisões com base nos seus sentimentos e emoções. Em muitos casos, as escolhas estão relacionadas apenas com o humor. Não existiu uma análise lógica no processo decisório. Em geral, as decisões tomadas com base nas emoções e sentimentos reduzem a eficiência do ser humano. As soluções de Inteligência Artificial induzem as pessoas a tomarem as suas decisões com base na lógica e reduzem o peso das emoções e sentimentos nas escolhas.

5. Ganhos de escala nas operações. As soluções de Inteligência Artificial têm uma grande diferença de escalabilidade de trabalho em relação aos seres Humanos. As máquinas podem trabalhar em regime de 24 horas por 7 dias sem pausas para descansar ou dormir. As pessoas precisam comer e descansar para recuperar as suas energias. Os sistemas de IA podem trabalhar sem interrupções. As soluções oferecem enormes ganhos de escala.

6. Redução do custo de treinamento e das operações. As soluções de aprendizagem profunda e de redes neurais permitem que a Inteligência Artificial aprenda novos conhecimentos de forma autônoma. A aprendizagem de máquina elimina a necessidade de escrever novos códigos e reduz os custos dos treinamentos e das operações.

7. Redução das despesas públicas. Os carros autônomos com sistemas anticolisão reduzem fortemente a quantidade de acidentes no trânsito (Acidentes no trânsito custam R$ 146 bilhões ao país, aponta estudo, https://epocanegocios.globo.com/Brasil/noticia/2017/05/acidentes-no-transito-custam-r-146-bilhoes-ao-pais-aponta-estudo.html, acessado em 30/10/2018). No Brasil, o

custo total da violência do trânsito ultrapassa a casa dos 150 bilhões de reais. São despesas materiais dos danos físicos aos veículos, despesas hospitalares e de recuperação dos acidentados, despesas previdenciárias de impossibilidade de trabalhar, despesas empresariais para reposição da mão de obra indisponível por hospitalização e tratamento e pensão por morte ou invalidez. A eliminação ou redução da violência do trânsito através das soluções de IA de anticolisão permitirá uma melhoria na fluidez do trânsito e reduzirá os acidentes que incapacitam para o trabalho de forma temporária ou permanente as pessoas.

8. Redução das despesas Médicas. A integração da Inteligência Artificial com os exames médicos aumenta a eficiência dos tratamentos (MEET MOLLY, YOUR VIRTUAL ASSISTANT, http://www.sensely.com, acessado em 30/10/2018). A Molly é uma enfermeira digital que monitora condições dos pacientes e informa aos médicos durante as visitas como o paciente está respondendo ao tratamento. Com estas informações, a equipe médica pode personalizar os cuidados e reduzir o tempo de internação. Os custos hospitalares podem cair dramaticamente com os ganhos de efetividade.

9. Redução dos custos das transações bancárias através de ganhos de escala. A análise de dados da aprendizagem de máquina permite que o sistema de inteligência artificial processe um grande volume de dados em elevada velocidade. Com este tipo de análise que processa as informações em larga escala é possível descobrir as fraudes contra o sistema financeiro em abrangência global. A IA é capaz de monitorar o perfil de utilização do sistema financeiro dos usuários e aprender com os seus padrões de comportamento. Estas informações permitem a rápida identificação de possíveis irregularidades. Estes incidentes geram sinais de advertência para os operadores humanos informando uma possível tentativa de fraude. Os analistas humanos recebem os incidentes junto com um conjunto de evidências. As decisões sobre fraudes e irregularidades são tomadas com base neste conjunto de informações.

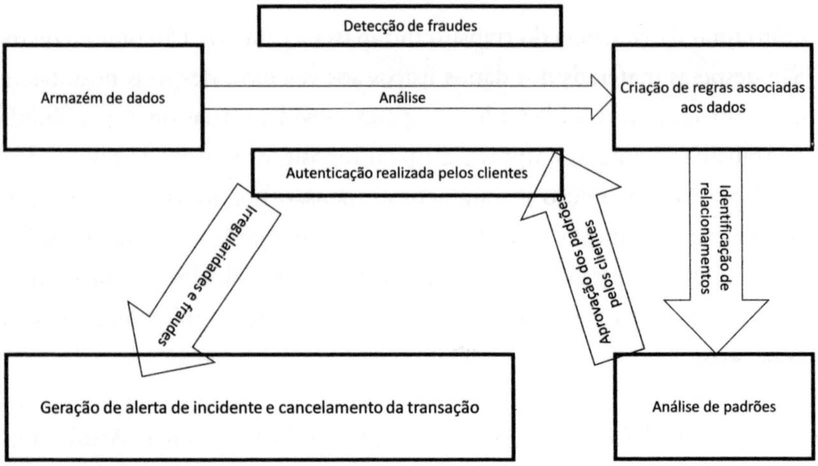

1. Redução de custos no suporte aos clientes. O processamento da linguagem natural e o reconhecimento de voz permitem que os Robôs e computadores possam atender a maioria das solicitações dos clientes. Os ganhos do aumento da consistência das respostas e da previsibilidade das entregas são gigantescos.

2. Redução das compras por impulso. As soluções de carteira inteligente baseadas na inteligência artificial permitem que as pessoas tomem melhores decisões sobre as suas compras e os seus gastos. O sistema gerencia automaticamente o orçamento pessoal e familiar e alerta sobre gastos desnecessários.

3. Aumento da efetividade do sistema educacional. Com as soluções de inteligência artificial os professores podem estabelecer estratégias individuais para cada um dos estudantes. A IA Robôs podem facilmente adaptar o programa de estudos para as necessidades de cada um dos alunos. A aprendizagem é desta forma realizada individualmente. Os professores podem unificar com o sistema as suas estratégias de ensino e trabalhar as forças e as fraquezas de cada aluno de forma sistematizada, contínua e evolutiva.

4. Crescimento da eficácia e eficiência da agricultura familiar de pequeno porte. Os robôs e soluções de inteligência artificial permitem o desenvolvimento programado da efetividade da agricultura familiar. Os robôs autônomos po-

dem realizar a tarefa de colher a safra com velocidade muito maior que os seres humanos. O nível de erros e perdas também é muito menor. A redução de custos dos robôs permite a realização desta tarefa com volume baixo de gastos. Os processos de aprendizagem profunda dos drones autônomos permitem que eles capturem os dados dos sensores e com estas informações a solução tecnológica pode monitorar a colheita e a saúde do solo.

5. Redução do custo da energia elétrica. As soluções de Inteligência Artificial podem ser utilizadas para melhorar o desempenho das linhas de transmissão. A inteligência do sistema pode controlar tanto o nível da tensão elétrica, como a sua estabilidade, como o seu fluxo de potência.

Desvantagens

1. Custo elevado das soluções de IA. O desenvolvimento de um sistema de inteligência consome muito tempo e dinheiro para a elaboração de hardware e software. A manutenção do sistema também consome um bom volume de tempo e dinheiro dos técnicos.

2. Eliminação de empregos. O crescimento da utilização de sistemas autônomos pelas empresas está eliminando diversos empregos, pois as máquinas realizam as atividades rotineiras e repetitivas de forma melhor que os seres humanos. Como elas podem trabalhar o tempo todo, existe uma forte redução dos custos. No médio prazo, as soluções de Inteligência Artificial eliminarão a maioria dos empregos que exigem nível médio de habilidades. Os robôs já eliminaram diversos empregos nas fábricas e nas linhas de montagem das indústrias. Nada indica que o ciclo de automação está perto do fim.

3. As máquinas são incapazes de fazer qualquer coisa fora do modelo programado. Os sistemas inteligentes não conseguem executar nenhuma ação de forma diferente do que está programado nos seus algoritmos ou na sua programação. A Inteligência Artificial só consegue trabalhar nas atividades descritas no seu modelo de programação. Em outras palavras, mudanças radicais nas

condições de contorno do ambiente exigem um novo ciclo de treinamento para o sistema.

4. Perda de habilidades cognitivas pelos seres humanos. Com o passar do tempo, as pessoas podem ficar tão dependentes dos sistemas inteligentes, que elas não conseguirão mais realizar algumas atividades cognitivas. Os assistentes inteligentes virtuais podem impedir que os seres humanos desenvolvam algumas habilidades cognitivas importantes para a sobrevivência da raça.

5. Uso da Inteligência Artificial para explorar os seres humanos. A IA é uma das primeiras tecnologias que não tem caráter de neutralidade na sua utilização. Uma máquina inteligente treinada para fazer maldades será capaz de treinar outros sistemas para o mal, em outras palavras, o uso impróprio das tecnologias inteligentes pode destruir o mundo.

6. Sistemas capazes de mudar a sua programação podem resultar em grandes desastres. Os sistemas de aprendizagem profunda que são capazes de replicar a sua programação para outros sistemas podem gerar resultados totalmente inesperados. Eles podem ser perigosos contra as pessoas. Uma simples variação de um vírus de computador pode infectar toda a rede elétrica de um país e gerar graves apagões.

Vantagens e desvantagens da Inteligência Artificial na educação

Vantagens

1. Personalização e customização. A Inteligência Artificial permite que os alunos escolham o seu processo de aprendizado. É possível escolher a velocidade da aprendizagem, o currículo escolar, o formato do processo de aprendizagem e o educador. Os professores podem usar as soluções de IA para entender o comportamento na sala de aula de cada um dos estudantes. Com base nestas informações, os professores podem trabalhar em colegiado para descobrir qual estratégia de ensino facilita mais o aprendizado de um determinado es-

tudante. Os sistemas inteligentes facilitam o desenvolvimento interativo de planos de ensino individualizados em função dos objetivos e do perfil do aluno.

2. Criação de grupos de interesse. Normalmente, os professores ministram aulas em várias classes de uma mesma escola. Com base nas informações sobre o comportamento dos alunos na sala de aula é possível criar grupos de estudantes com interesses comuns. Os grupos podem estimular o desenvolvimento acadêmico dos alunos superando assim as barreiras que tornam o processo de aprendizado mais lento. O trabalho em grupo de um tema de interesse comum é capaz de criar facilidades de aprendizagem em larga escala. O professor pode desenvolver atividades consideradas difíceis e complexas com a sala de aula inteira focando temas diferentes. Cada grupo de interesse comum trabalha um tema que motive o seu interesse. Por exemplo, é possível ensinar matemática usando a classificação de um time em um campeonato de futebol. O professor usa a IA para descobrir tanto as motivações, como as habilidades dos estudantes. O sistema educacional pode então criar projetos que estimulem o desenvolvimento dos interesses individuais de cada um dos alunos.

3. Eliminação de erros. O sistema educacional é feito de acertos e erros. É normal encontrar falhas, erros e redundâncias no desenvolvimento da natureza humana. As soluções de inteligência artificial permitem um aperfeiçoamento contínuo e redução de erros. Os robôs quando acertam ou erram são consistentes e previsíveis. Ou seja, existe igualdade de tratamento para todos os alunos. Os professores humanos não têm este nível de consistência, ou seja, eles podem acertar e errar no magistério. Alguns estudantes são beneficiados com os acertos e outros são prejudicados com os erros. A natureza do ensino humano é de desigualdade. A grande vantagem dos erros cometidos pelos robôs é que eles podem ser treinados novamente. O aperfeiçoamento da IA elimina os erros de forma consistente. O nível de conhecimento gerado pelo trabalho cooperado entre professores e inteligência artificial pode ser replicado para toda rede de ensino gerando um enorme ganho de escala. O fator multiplicador de cada um dos aperfeiçoamentos dos robôs é gigantesco.

4. A IA trabalha em regime permanente e continuo. Os estudantes têm as suas preferências pessoais sobre quais horários querem realizar determinadas atividades. Alguns preferem fazer a lição de casa de manhã, outros de tarde e outros de noite. Algumas pessoas sofrem de insônia e preferem estudar de madrugada. O sistema educacional não tem recursos para que os alunos contatem os professores tutores em qualquer horário. Em outras palavras, os alunos precisam esclarecer as suas dúvidas nos horários em que os professores tutores estão trabalhando. Muitas vezes existem momentos onde o tempo gasto na fila de espera por um tutor é bem grande. As soluções de inteligência artificial permitem que a necessidade do aluno de estudar quando ele quer estudar seja atendida. O tutor virtual é capaz de responder às perguntas dos alunos 24 horas por dia. Ele também é capaz de atender diversos alunos simultaneamente. O tempo gasto na fila de espera por um tutor é reduzido significativamente. O professor virtual inteligente permite que todos os estudantes sejam ajudados nos momentos em que eles precisam de auxílio. É mais comum do que muitos imaginam encontrar casos onde o aluno acordou de madrugada com uma dúvida sobre a prova da manhã e não tinha recurso algum para esclarecer a sua dificuldade. O tutor virtual, baseado na inteligência artificial, resolve este tipo de situação com custo muito baixo.

5. Melhoria do processo de aprendizado usando as soluções de realidade virtual e ampliada. As soluções de realidade virtual e ampliada permitem que os estudantes aprendam aspectos da biologia, física, geografia etc. em um ambiente seguro e cheio de detalhes. Os alunos poderão, por exemplo, explorar o fundo do mar e conhecer a fauna e flora marinha. Os professores poderão usar estas tecnologias para fixar conceitos matemáticos na cabeça dos alunos. Existe uma infinidade de possibilidades para que os alunos desenvolvam projetos complexos e aprendam de uma forma interativa e lúdica.

6. Evolução da efetividade do ensino pela eliminação de atividades repetitivas. Os alunos não precisam mais copiar as aulas nos cadernos. A Inteligência Artificial é capaz de copiar as aulas sincronizando o texto com a explicação verbal do professor. Os estudantes podem aproveitar melhor o tempo da aula e prestar atenção apenas nas explicações do educador.

7. Aprendizagem lúdica aumenta a assimilação do conteúdo oferecido. As soluções de Inteligência Artificial podem transformar as lições de casa em jogos com pontuações e recordes. O conhecimento adquirido neste formato é mais bem fixado na mente dos alunos. É possível criar experiências de engajamento dos alunos nos projetos pela criação de um exercício divertido e atraente. A IA pode ajudar aos professores tanto na criação do conteúdo, como no desenvolvimento das atividades operacionais da lição de casa.

8. Evolução da presença dos alunos. As soluções de IA oferecem uma enorme gama de possibilidades de aprendizagem para os estudantes portadores de algum tipo de limitação. Os estratagemas de presença virtual permitem que os alunos portadores de algum tipo de limitação possam assistir às aulas em sua casa ou hospital. Os professores podem criar com a ajuda dos sistemas uma experiência estimulante para a aprendizagem para que o conhecimento das aulas possa ser entregue em qualquer lugar.

9. Usar a tecnologia para ensinar tecnologia. As soluções de tecnologia estão presentes na imensa maioria das atividades humanas, por isto é importante que os estudantes aprendam sobre como explorar as oportunidades geradas pelas tecnologias o mais cedo possível. As soluções de Inteligência Artificial podem ser usadas para mostrar a importância das tecnologias e técnicas de programação no dia a dia das pessoas. É muito importante que a escola encoraje os alunos no aprendizado de ciências, tecnologia, engenharia e matemática.

10. Eliminação da barreira da língua nas aulas. É muito comum encontrar casos onde os estudantes estrangeiros têm dificuldades de dominar a língua falada na sala de aula e apresentam dificuldades no processo de aprendizado. O desafio do conhecimento é permanente. Em outras palavras, a educação contínua deve ser disponibilizada para todos que nasceram no país e para os estrangeiros que migraram. As barreiras da língua podem impedir que os estrangeiros assimilem o conhecimento oferecido nas salas de aula reais e virtuais. A Inteligência Artificial é capaz de resolver este grave problema, pois já

existem diversas soluções que conseguem traduzir em tempo real as palavras do professor.

Desvantagens

1. Quantidade de repetições não melhora o desempenho da Inteligência Artificial. Os seres humanos aprendem com as suas experiências e como consequência melhoram o seu desempenho com as repetições. Quanto mais uma determinada tarefa é realizada, maior é a experiência acumulada. Como regra geral, os professores com larga experiência profissional têm desempenho melhor do que os professores iniciantes. A IA trabalha com base nos seus algoritmos e nas suas bases de conhecimento. Em outras palavras, o desempenho de um professor virtual será exatamente igual em todos os casos. Neste caso, a experiência não influi na sua performance. A quantidade de repetições da execução de uma tarefa não é um fator que impacta o resultado final. Para melhorar o desempenho de uma IA é preciso, portanto, evoluir os algoritmos ou as bases de conhecimento.

2. A Inteligência Artificial pode criar dependência dos alunos em relação às soluções de tecnologia. A escola tradicional exige que os alunos desliguem os telefones inteligentes e abram os livros. As escolas que adotam soluções de IA são capazes de educar os estudantes com sucesso. No entanto, existe um efeito colateral que precisa ser trabalhado durante todo processo de aprendizagem. As tecnologias utilizadas no ensino podem fazer com que os alunos esqueçam que eles são os protagonistas. Muitos estudantes podem acreditar que eles são incapazes de aprender sem a ajuda dos sistemas inteligentes. Em outras palavras, é preciso trabalhar com os alunos em situações onde as soluções de inteligência artificial não estão presentes. O uso indiscriminado e sem critérios das tecnologias no ensino pode gerar, em poucos anos, profissionais fortemente dependentes das tecnologias e com comportamento social inadequado.

3. Aumento do consumo de energia elétrica. As escolas que adotarem as soluções de Inteligência Artificial aumentarão o seu consumo de energia elétrica.

O valor orçado para as despesas com eletricidade crescerá. Para minimizar este aumento é possível usar painéis solares para gerar uma parte da energia elétrica necessária para o funcionamento da escola.

4. Eliminação de postos de trabalho no sistema educacional. No Brasil, milhões de pessoas trabalham em atividades relacionadas com o ensino. O impacto no desemprego da substituição dos profissionais do ensino por robôs é enorme. É preciso, portanto, tratar este tipo de transição com um planejamento focado na realocação das pessoas. A adoção de um estratagema que ignore o problema do desemprego pode colapsar o sistema educacional. Podem ocorrer protestos, greves e até mesmo guerras (Governo hondurenho promete emprego a migrantes da caravana que voltarem, http://horadesantacatarina.clicrbs.com.br/sc/geral/noticia/2018/10/governo-hondurenho-promete-emprego-a-migrantes-da-caravana-que-voltarem-10626273.html, acessado em 30/10/2018). É fácil perceber na postagem que a reação das pessoas diante do desemprego estrutural gera situações que colocam em risco a estabilidade política de uma nação.

5. Aumento da resistência contra o uso das tecnologias no ensino. O surgimento das tecnologias de ensino à distância gerou uma corrente de educadores que entendem que a interação pessoal dos alunos com os professores é um aspecto de fundamental importância para o ensino. Para esta corrente, todas as facilidades geradas pelos sistemas de Inteligência Artificial para o aprendizado do conhecimento pelos alunos são irrelevantes diante da falta de interação pessoal. Para estes educadores, o principal papel dos professores é orientar, influenciar e liderar os alunos. Certamente os membros desta corrente criarão barreiras e dificuldades para a introdução da IA na educação.

6. Crescimento da concentração de poder com as soluções de Inteligência Artificial. Tanto os desenvolvedores, como os treinadores da IA têm enorme ganho de poder com a adoção das suas soluções nas escolas. Os sistemas inteligentes refletem de uma forma ou outra a linha de pensamento destas pessoas e os seus respectivos valores éticos e sociais. Isto significa, em outras palavras, que a invasão de uma solução de IA permite que o atacante dissemi-

ne entre os alunos conteúdo violento, informações inadequadas e até mesmo propaganda política ou de produtos e serviços.

7. Redução da capacidade de realizar diversas tarefas. O uso intensivo e contínuo das soluções de Inteligência Artificial pode gerar o efeito colateral de reduzir as habilidades dos seres humanos. É muito fácil perceber as situações onde as facilidades geradas pelas máquinas fazem com que as pessoas percam capacitações. Um exemplo simples é o mouse dos computadores. Se ele for retirado, a maioria das pessoas perde a sua capacidade de usar o equipamento. Este tipo de problema não é uma novidade. Já ocorreu no passado e ocorrerá no futuro. O fato concreto é que existe o risco de as pessoas usarem os sistemas de inteligência artificial porque elas ficaram incapazes de executar as suas atividades por outro caminho.

8. Desistir de criar métodos de ensino alternativos. Os professores devem ser capazes de criar e oferecer diversos caminhos para resolver um problema específico dos alunos. Um estudante pode ter dificuldades de aprendizagem por causa do método de ensino. Neste caso, o professor deve oferecer um caminho alternativo. Este tipo de abordagem desenvolve a capacidade de flexibilidade mental dos alunos. As soluções de Inteligência Artificial padronizadas oferecem para os alunos apenas um caminho sem variações como método de ensino. É importante que os educadores tenham em mente as limitações das soluções de inteligência artificial e trabalhem o desenvolvimento de métodos de ensino alternativos.

9. Aumento das desigualdades. As ferramentas de aprendizagem baseadas na Inteligência Artificial exigem que os estudantes tenham um telefone inteligente ou um laptop. Como nem todos os alunos podem comprar estes dispositivos é preciso que o governo crie um fundo para subsidiar a compra destas tecnologias pelos alunos antes de adotar, em larga escala, as soluções de IA no sistema educacional.

10. Inexistem evidências empíricas de que as soluções de Inteligência Artificial são capazes de ensinar os seres humanos. Ainda existem muitas dúvidas se

os estudantes estarão motivados para aprender sem a supervisão de um professor humano. Em muitos casos, os alunos querem impressionar os seus professores explicitando quanto eles aprenderam. As soluções de IA podem desmotivar estes alunos. É preciso trabalhar as soluções inteligentes para o sistema educacional para que elas trabalhem também os aspectos emocionais e motivacionais do ensino. No primeiro momento, a expectativa dos educadores é que os robôs sejam os seus assistentes na sala de aula.

Bibliografia

https://qz.com/1141122/google-translates-gender-bias-pairs-he-with-hardworking-and-she-with-lazy-and-other-examples, Google Translate's gender bias pairs "he" with "hardworking" and "she" with lazy, and other examples, acessado em 30/10/2018

https://www.cnet.com/news/what-happens-when-ai-bots-invent-their-own-language, Facebook put cork in chatbots that created a secret language, acessado em 30/10/2018

http://money.cnn.com/2017/10/25/technology/business/google-allo-facebook-m-offensive-responses/index.html, Offensive chat app responses highlight AI fails, acessado em 30/10/2018

https://www.wired.com/story/hackers-say-broke-face-id-security, Hackers Say They've Broken Face ID a Week After iPhone X Release, acessado em 30/10/2018

http://www.telegraph.co.uk/news/2017/11/08/alexa-nein-police-break-german-mans-house-music-device-held, Alexa, Nein! Police break into German man's house after music device 'held party on its own', acessado em 30/10/2018

https://www.techrepublic.com/article/google-home-mini-spied-on-user-thousands-of-times-a-day-sent-recordings-to-google, Google Home Mini spied on user 'thousands of times a day,' sent recordings to Google, acessado em 30/10/2018 https://www.propublica.org/article/facebook-enabled-advertisers-to-reach-jew-haters, Facebook Enabled Advertisers to Reach 'Jew Haters'

acessado em 30/10/2018

http://www.iflscience.com/technology/microsofts-chatbot-converted-bigotry, Microsoft's Chatbot Quickly Converted To Bigotry By The Internet, acessado em 30/10/2018

https://litviral.com/when-tech-goes-wrong-amazon-echo-accidentally-offers-porn-to-child/, When Tech Goes Wrong! Amazon Echo Accidentally Offers Porn To Child!, acessado em 30/10/2018

https://epocanegocios.globo.com/Brasil/noticia/2017/05/acidentes-no-transito-custam-r-146-bilhoes-ao-pais-aponta-estudo.html, Acidentes no trânsito custam R$ 146 bilhões ao país, aponta estudo, acessado em 30/10/2018

http://www.sensely.com, MEET MOLLY, YOUR VIRTUAL ASSISTANT, acessado em 30/10/2018

http://horadesantacatarina.clicrbs.com.br/sc/geral/noticia/2018/10/governo-hondurenho-promete-emprego-a-migrantes-da-caravana-que-voltarem-10626273.html, Governo hondurenho promete emprego a migrantes da caravana que voltarem, acessado em 30/10/2018

Comentários finais

É provável que as nações mais avançadas no desenvolvimento das tecnologias de Inteligência Artificial conquistem enormes vantagens competitivas em termos econômicos e militares. Isto significa que países pequenos e sem histórico militar, mas bastante avançados tecnologicamente, como Singapura ou Dubai, podem criar soluções que os tornem superpotências regionais. A elevada capacitação humana em conjunto com o poder econômico é capaz de mudar completamente a conjuntura geopolítica existente na segunda década do século XXI.

Tal situação já ocorreu na história da humanidade. O Reino Unido controlou, no começo do século XX, cerca de um quarto do planeta graças a exploração das tecnologias da revolução industrial. Da mesma forma, no século XXI, países pequenos com elevada capacitação tecnológica poderão desenvolver armamentos inteligentes cibernéticos que lhes posicionarão em um patamar de enorme superioridade militar e econômica.

As sabotagens habilitadas pela Inteligência Artificial são capazes de influenciar as bolsas de valores e de mercadorias. No instante em que o preço de produtos básicos como arroz e feijão puder ser manipulado por uma sabotagem digital, teremos uma sociedade enfrentando grandes riscos sociais. Se as informações falsificadas forem divulgadas em contas invadidas de personagens de elevada reputação nacional, então esta economia enfrentará uma disrupção digital dos meios de produção.

O país estará sujeito aos desejos de um grupo de ciberatacantes que desejam obter ganhos financeiros ou provocar um caos social e destruir a nação. A Inteligência Artificial pode fazer com que este tipo de ataque seja realizado em larga escala. Durante o escândalo da Enron, ocorreu um blackout intencional gerado em cima de premissas falsas na Califórnia para aumentar o preço da energia elétrica e os lucros da empresa. A crise da empresa gerou diversos blackouts na Califórnia.

Não é difícil que ciberatacantes consigam criar um cenário de crise energética baseado em informações falsas como o caso da Enron. O ataque pode ser usado para ganhar vantagens militares ou para aumentar os lucros financeiros dos atacantes pela redefinição dos investimentos futuros na economia da nação atacada.

ANOTAÇÕES

Impressão e acabamento
Gráfica da Editora Ciência Moderna Ltda.
Tel: (21) 2201-6662